DER ANTITRUSTGEDANKE IM WIRTSCHAFTSSYSTEM

Zugleich ein Beitrag zu den europäischen Antitrust-Problemen

von

FREDERICK HAUSSMANN

1950

RASCHER VERLAG, ZÜRICH

J. SCHWEITZER VERLAG, BERLIN-MÜNCHEN

Gesamtherstellung: Dr. F. P. Datterer & Cie., Freising

VORWORT

Die vorliegende Studie entstand aus Anlaß eines Vortrages, welchen der Verfasser am 1. Dezember 1949 an der Universität Köln auf Einladung der Juristischen Fakultät dieser Universität sowie der Kölner Juristischen Gesellschaft und des Vereins für Wirtschaftsrecht in Köln hielt. Die nachstehende Fassung ist die erweiterte und mit Anmerkungen versehene Wiedergabe dieses Vortrages.

Das weitgespannte Thema behandelt in großen Zügen — in dem begrenzten Rahmen, der zur Verfügung stand — neuere Entwicklungen des Antitrustgedankens in den Vereinigten Staaten wie den gegenwärtigen Stand der Dinge in europäischen Ländern. Es berührt zugleich die internationale Seite der Antitrust-Doktrin.

Einige Anmerkungen mit Hinweisen auf amerikanische und europäische Quellen ebenso ein Bericht über den gegenwärtigen Stand der Vorarbeiten für ein neues französisches Kartellgesetz wurden beigefügt, ferner ein Auszug aus meinem 1940 in der Schweiz erschienenen Buche: *Die wirtschaftliche Konzentration an ihrer Schicksalswende. Grundlagen und Aufgaben einer künftigen Trust- und Kartellgestaltung.* Für eingehendere Erörterung der behandelten Probleme sei auf dieses Buch sowie auf die in den Anmerkungen angegebenen Schriften verwiesen.

Zürich, im Januar 1950. *Frederick Haussmann.*

ANMERKUNG DES HERAUSGEBERS

Der Verfasser setzt mit dieser Studie seine früheren Werke und Studien: „Grundlegung des Rechts der Unternehmenszusammenfassungen“ (2 Bände, 1926 und 1932), „Konzerne und Kartelle im Zeichen der Wirtschaftslenkung“ (Basel 1938), „Die wirtschaftliche Konzentration an ihrer Schicksalswende“ (Basel 1940), Aufsätze über internationale Kartell- und Wirtschaftsprobleme in amerikanischen Zeitschriften („Thought“, Fordham University, Quarterly; Social Research; Foreign Affairs; Financial and Commercial Chronicle) fort. Sein Buch: Der Wandel des Internationalen Kartellbegriffs (Amerikanische Kartelldoktrin und World Trade Charter) erschien 1947 (Verlag Francke A. G., Bern).

In den Vereinigten Staaten, wo der Verfasser amerikanischer Staatsangehöriger wurde, arbeitete er an der New School for Social Research und später als Professor of Economics am Upsala College, New Jersey. Zur Zeit ist er als wissenschaftlicher Mitarbeiter des Instituts für Außenwirtschaft und Marktforschung in St. Gallen sowie als ständiger Mitarbeiter der Schweizer Zeitschrift: Wirtschaft und Recht, tätig.

Sein jüngstes Buch: „Der Neuaufbau der deutschen Kohlenwirtschaft im internationalen Rahmen (Ein Beitrag zur Anwendung des Antitrustgedankens auf Europa)“ erschien Ende 1949 in der neuen Schriftenreihe des Instituts für Wirtschaftsrecht der Universität Köln in deutscher und englischer Fassung.

INHALTSÜBERSICHT

A

DER ANTITRUSTGEDANKE IM WIRTSCHAFTSSYSTEM

I. „Antitrust" im engeren und im weiteren Sinne

In den Vereinigten Staaten begegnet man nicht selten der Feststellung, daß der Sherman Act die wirtschaftliche Magna Carta des amerikanischen Volkes sei. Mitunter heißt es auch, er sei „die American Charter of Economic Freedom".

Bei keinem andern Volke fand sich bisher eine ähnliche Charakterisierung eines Gesetzesaktes, der sich anscheinend höchst nüchtern mit besonderen Formen von Konzernen und Kartellen befaßt und diese einer kontrollierenden und gegebenenfalls destruktiven Behandlung unterwirft. Niemand würde die deutsche Kartellverordnung von 1923 als das wirtschaftliche Grundgesetz des damaligen Deutschland bezeichnet haben, oder etwa den englischen Monopoly Act von 1948 als die wirtschaftliche Magna Charta des englischen Volkes ansehen.

Das amerikanische Volk scheint in der Tat in der Wertschätzung des Sherman Act und der zahlreichen ihm folgenden Gesetze und rechtsbildenden Entscheidungen andern Ländern voraus zu sein. Bereits 1890 haben die Vereinigten Staaten diese Entwicklung gestartet und statten ihre Antimonopolgesetzgebung in steigendem Maße mit einer Fülle von Gesetzen, Rechtssprüchen und Verwaltungsmaßnahmen aus, die dort heute das ganze wirtschaftliche Leben beeinflussen und durchdringen. Mit Ausnahme Kanadas vielleicht sind alle andern Länder in ihrer speziellen Antitrustbewegung demgegenüber noch recht zurückhaltend gewesen.

Die europäische Gesetzgebung auf diesem Gebiete begann erst nach dem ersten Weltkriege in Form einer Kartellkontrolle durch norwegische Verordnungen von 1920, denen dann die deutsche, etwas improvisiert geschaffene Kartellverordnung von 1923 folgte. Im Laufe der Weltkrisis 1933/34 folgten dann weiter die Tschechoslovakei, Polen, Holland, Ungarn und andere. Nach dem zweiten Weltkriege hat nun auch außer Schweden und Dänemark England den Antitrustgedanken neu aufgegriffen und gesetzlich verankert, während Frankreich und die Schweiz — die letztere eines der kartellreichsten und nichtsdestoweniger urdemokratischen Länder — sich noch in den Anfängen von Erwägungen über eine derartige Gesetzgebung befinden.

Ein bedeutsamer Fortschritt ist allerdings neuerdings durch Kapitel V und VI der World Trade Charter zu verzeichnen, welche „restriktive Geschäftspraktiken" einer kontrollierenden Regelung unterziehen und kartellähnliche internationale Commodity Agreement ausdrücklich zulassen. Nicht weniger als 24 teilweise recht eingehende Paragraphen der World Trade Charter sind den einschlägigen zwei Kapiteln V und VI der Charter gewidmet, die auf amerikanische Anregung zurückgehen und zum erstenmal eine Antitrustregelung auf internationalem Gebiete in die Wege zu leiten unternehmen.

Der Grund, weshalb bisher in Europa das Problem des „Antitrust" noch keine genügende Beachtung erfahren hat, wird oft darin gesehen, daß man meint, es habe in den Vereinigten Staaten eben früher als in Europa Trusts gegeben, welche der Wirtschaftsentwicklung ihren Stempel aufzudrücken versuchten. Aber diese an sich zutreffende Beobachtung gibt keine erschöpfende Erklärung. Der Grund liegt tiefer. In den Vereinigten Staaten hat man Antitrustpolitik und Antitrustgesetzgebung von jeher nicht wie in Europa als eine Spezialmaterie angesehen, vielmehr als eine Erscheinung, die mit dem ganzen Wirtschaftssystem eng zusammenhängt und dieses aufrechtzuerhalten oder zu gefährden geeignet ist. Noch heute glaubt man vielfach in Deutschland — nicht in anderen Ländern Europas —, den Antitrustgedanken gesetzlich durch eine Fülle von Verbotsvorschriften regeln und meistern zu können. Einer der dortigen Vorentwürfe zeitigte bereits 78 Paragraphen des Hauptgesetzes und 75 zusätzliche Paragraphen eines ergänzenden Gesetzes über ein „Monopolamt". Hiermit verbindet man dann wohl die in gewissem Sinne spezifisch deutsche Vorstellung, man könne durch so viele Verbotsvorschriften die Wirtschaft endgültig dekonzentrieren, dekartellisieren und gegen bigness desinfizieren. Andere Kreise wieder mögen die Vorstellung haben, daß ein Stacheldrahtgewebe von Verbotsvorschriften in der praktischen Anwendung eine solche Verwirrung im Wirtschaftsleben mit sich bringen werde, daß schließlich sogar die Überführung der ganzen Wirtschaft auf den Staat noch als das geringere Übel erschiene, oder jedenfalls einen klareren Zustand schaffen würde.

Ein Netz von Verbotsvorschriften zu schaffen, ist jedoch niemals der Sinn echter Antitrustpolitik und Antitrust-Gesetzgebung in den Vereinigten Staaten gewesen. Nur 1936/37 hat man dort den Fehler allzu großer Spezialisierungen begangen, nämlich in dem Robinson-Patman Act von 1936 und dem Miller-Tydings Act von 1937. Aber dieses Experiment hat sich nicht zum Besten bewährt und ist jedenfalls nicht typisch für die bisherige, auf diesem Gebiete angewandte Gesetzestechnik.

Die Bedeutung des Antitrust-Gedankens in den Staaten geht über diejenige einer Spezialgesetzgebung gegen Monopole oder restriktive Vereinbarungen, die nicht selten als „Kartelle" bezeichnet werden, weit hinaus. Unter „Antitrust" versteht man dort den Antitrust-Gedanken im Wirtschaftssystem als Ganzen, — eine Gruppe von Maßnahmen zur Aufrechterhaltung oder Wiederherstellung gesunder Wettbewerbsgrundlagen. Die Aufrechterhaltung des Wettbewerbs zwischen gesunden, miteinander konkurrierenden, privaten Unternehmenseinheiten ist der Gedanke, der für das Wirtschaftssystem der Vereinigten Staaten repräsentativ ist.

Der Sherman Act selbst besteht bekanntlich nur aus 8 Paragraphen, im Grund genommen sogar nur aus 3 Paragraphen und einigen Verfahrensvorschriften. Trotzdem denkt man zwar an Vervollkommnung, aber nicht an eine grundlegende Änderung oder Neukodifizierung des Sherman Act als solchen. Man ist sich der Vorteile der Elastizität seiner Regelung voll bewußt geblieben, wie sie Mr. Justice Hughes in folgenden Worten charakterisiert (vgl. Appalachian Coals v. U.S., 88 U.S. 344, 1938):

> "As a charter of freedom, the Act has a generality and adaptability comparable to that found to be desirable in constitutional provisions. It does not go into detailed definitions which might either work injury to legitimate enterprise or through particularization defeat its purposes by providing loopholes for escape." (Pp. 359—360.)

Gesetzestechnisch nennt sich der Sherman Act:

> "An Act to protect trade and commerce against unlawful restraints and monopolies."

Er wendet sich in Sektion 1 gegen eigentliche Monopolies, d. h. sogenannte close-knit combinations und in Sektion 2 gegen Vereinbarungen in Restraint of Trade, die man loose-knit combinations oder auch in einer etwas ungenauen europäischen Terminologie Kartelle nennt. Gerade durch die Allgemeinheit seiner Formulierung will der Sherman Act viel bedeutsamere Aufgaben erfüllen als etwa nur Kartelle mit Feuer und Schwert ausrotten. Er repräsentiert die gesetzliche, oder besser gesagt, die „institutionelle Grundlage“ für den Schutz und die Erhaltung privater Marktwirtschaft in den Staaten. Und diese grundlegende Institution beruht ihrerseits wieder auf 3 Pfeilern:

1. Dem Schutz des Privateigentums als solchen,
2. dem Schutz der Erwerbswirtschaft, die sich nur auf Privateigentum aufbauen läßt, und
3. der Freiheit des Güteraustausches auf dieser erwerbswirtschaftlichen Grundlage.

In so weitgespannter Bedeutung ist der Sherman Act in der Tat eine der Grundfesten, auf welchem sich der hohe Lebensstandard des amerikanischen Volkes aufgebaut, erhalten und fortentwickelt hat.

Vorteile wie Gefahren der erstaunlichen Fortschritte in der amerikanischen Volkswirtschaft gehen zum nicht geringen Teil auf die "Bigness", die technische Größe und die "Efficiency" der amerikanischen Unternehmungen zurück. Hierauf gründet sich die Struktur des ganzen amerikanischen Wirtschaftslebens, die nunmehr wirtschaftlich auch auf andere Länder übergreift. Seit etwa zwei Jahrzehnten hat aber zugleich eine dauernde kritische Beobachtung dieser Wandlungen der Wirtschaftsstruktur infolge der fortschreitenden Technik und anderer Faktoren in den Staaten eingesetzt. Nach jüngsten Feststellungen arbeiten die größten 1000 Produktionsgesellschaften in den Vereinigten Staaten mit Aktiven nachstehender Größenordnung:

107	Produktionsunternehmungen mit Aktiven über	100	Mill. $
	(Kapital und Reserven nicht weniger dieser Gesellschaften übersteigen 1 Milliarde $)		
88	Produktionsunternehmungen mit Aktiven über	50–100	Mill. $
167	„ „ „ „	25– 50	„ „
382	„ „ „ „	10– 25	„ „

Eine Industriegesellschaft mit weniger als 10 Millionen $ Kapital wird bereits als "small-scale enterprise", als eine kleinere Gesellschaft angesehen.

Allerdings konkurrieren auch „die Riesen" noch immer mit andern Riesen, mit Gebilden mittlerer Größe und mit Zwergen. Aber der eigentliche, „oligopolistisch" gewordene Konkurrenzkampf spielt sich oft nur zwischen 3—5 Riesen innerhalb einer Industrie ab. 3 Gesellschaften kontrollieren Aluminium, 3 verfügen über 90% der Seifenproduktion, 3 über 95% der Zinnwarenproduktion und wiederum 3 über 90% des Linoleummarktes, um nur einige von vielen Beispielen herauszugreifen. Würde diese Entwicklung schließlich zu immer größeren Konzentrationen fortschreiten, so könnte dies in der Tat eine bedenkliche Gefahr für die Erhaltung des Marktmechanismus und der freien Konkurrenzwirtschaft überhaupt bedeuten. Und für neuaufkommende Unternehmer — den "Newcomer", der jetzt in der amerikanischen Rechtsprechung in steigendem Maße geschützt wird — würden immer weniger Chancen verbleiben, sich in einem solchen Konkurrenzkampf der Riesen zu behaupten, geschweige denn, sich gegen sie durchzusetzen. Dabei könnte das Grundgefüge einer kompetitiven Wirtschaft vollends aus seinen Fugen gehen.

Der Sinn des Antitrustgedankens ist hiernach — in Gegenwirkung gegen die Konzentrationsentwicklung — Schutz und Wiederherstellung einer gesunden Marktwirtschaft auf erwerbswirtschaftlicher Grundlage. Soziologisch bedeutet der Antitrustgedanke in diesem weiten Sinne eine Gegenströmung gegen drohende Vermassung und Erstarrung des Wirtschaftslebens. Es liegt auf der Hand, daß dieses weitgespannte Ziel nur im Rahmen allgemeiner Wirtschaftspolitik erreicht werden kann, die in großen Zügen folgende Gesichtspunkte umfaßt:

1. „Antitrust" bezweckt, wie bereits hervorgehoben, den Schutz des Marktmechanismus als solchen und soll die Zerstörung der Markt- und Wettbewerbsfunktionen im amerikanischen Wirtschaftsleben verhindern. Unvernünftige Konzentrationsvorgänge (aber nur solche) und restriktive Handelspraktiken (aber nur solche) sollen ausgeschaltet werden, insoweit hierdurch Außenseiter und Newcomer künstlich unterdrücken werden.
2. „Antitrust" will ferner politischen und wirtschaftlichen Machtpositionen, die sich bei solchen Größenordnungen bilden können, entgegenarbeiten. Dies ist ein zweites, aber nicht, wie manche glauben, das alleinige Ziel von „Antitrust".
3. Dabei ist es eine grundlegende „Antitrust"-Aufgabe, das Entstehen monopolistischer Gewinne, d.h. unverhältnismäßiger Bereicherungen jedenfalls zu bremsen, z. B. durch entsprechende Zollpolitik, Gewinnkontrolle oder Steuern.
4. „Antitrust" im weiteren Sinne will ferner die wirtschaftlichen und sozialen Nachteile einer allzustarken Tech-

nisierung, Mechanisierung und Standardisierung vermeiden oder nach Möglichkeit abmildern, eine Bewegung, die man mitunter auch als „Vermenschlichung“, als “humanization of the relations between employer and employees” charakterisiert. Dieser Gedanke will nicht die technisch manchmal unvermeidliche Entwicklung zum Großbetrieb verhindern, vielmehr nur Deformierungen und Mißbräuchen der wirtschaftlichen Gewalt unter sozialen Gesichtspunkten entgegen arbeiten.

Ein solcher Kampf gegen Vermassung in diesem weiten Sinne kann sich nicht nur gegen Mißbräuche der Unternehmergewalt richten. Er muß seine Wachsamkeit zugleich gegen etwaige Mißbräuche wirtschaftlicher Gewalt von anderer Seite her zu schützen wissen, z. B. gegen mißbräuchliche Machtpositionen von Trade Unions, vor allem aber auch gegen die Vergrößerung wirtschaftlicher Macht durch den Staat selbst. Denn dieser Staat kann ja, wie sich an dem russischen Beispiel zeigt, zum größten und tyrannischsten wirtschaftlichen Unternehmer werden, welchen die Welt bisher gesehen hat.

Representative E. Celler, der Vorsitzende des neuen Judiciary Committee, unter dessen Leitung im amerikanischen Kongreß die Bekämpfung monopolistischer Gewalt jüngst wieder aufgenommen wurde, formulierte diesen Gedanken kürzlich ähnlich:

> Bigness in business brings bigness in labour unions concomitantly. Big business and big labour unions bring Big Governement too. I wonder how far we can go with all this bigness.

Zu dieser Erweiterung des Antitrust-Gedankens von Unternehmer-Machtpositionen auf entsprechende Machtpositionen der Trade Union und des Staates als Unternehmer und Handeltreibenden seien zwei charakteristische Anwendungsfälle erwähnt:

Allerdings nehmen der Clayton Act von 1914 und der Norris-La Guardia Act von 1932 die Betätigung der Gewerkschaften grundsätzlich von der Antitrustgesetzgebung aus. Trotzdem aber blieb der Kampf Thurman Arnolds auch gegen monopolistisches Überwuchern der Macht der Gewerkschaften gerichtet, so insbesondere auf dem Gebiete der Bauindustrie, wo sich diese Nachteile sehr stark gezeigt hatten. Noch heute fallen nach dem Allen Bradley Case von 1945 monopolistische Machtüberschreitungen von Gewerkschaften unter die Antitrustpolitik. So wurde jüngst in dem amerikanischen Kohlenstreik von September/Oktober 1949 vermutet, daß eine ungesetzliche Conspiracy zwischen Gewerkschaften und Unternehmern eingesetzt habe, um durch Begrenzung der Arbeitszeit die überaus stark angewachsenen Kohlenvorräte zu verringern.

Ein charakteristisches neues Beispiel der „Antitrustbewegung" gegen staatliche Machtpositionen in der Wirtschaft gibt Artikel 46 der World Trade Charter. Dieser bestimmt ausdrücklich, daß der Kampf gegen monopolistische Geschäftspraktiken zum Ziele hat:

> to prevent on the part of private or public commercial enterprises business practices affecting international trade.

Die Gefahr der Einengung des internationalen Handels, die von öffentlichen kommerziellen Unternehmungen ausgehen kann, wird hiernach mit Recht den Gefahren der Monopolisierung gleichgestellt, welche von Handelsunternehmungen und Vereinbarungen rein privaten Charakters dem freien Güteraustausch drohen kann.

Die vorstehende Betrachtung hat bereits gezeigt, daß in einem so weitgespannten Rahmen auch Maßnahmen der allgemeinen Wirtschaftspolitik notwendig sind, die über eine eigentliche Antitrust- oder Antikartellgesetzgebung in ihren Mitteln und Zielen hinausreicht.

Wenn wir nachstehend den amerikanischen Antitrust-Gedanken in seiner neueren Entwicklung weiter nachgehen, so werden wir demgemäß drei verschiedenen Richtungen und Auswirkungen der allgemeinen amerikanischen Wirtschaftspolitik auf diesem Gebiete begegnen:

1. Der Antitrustpolitik im engeren Sinne, im unmittelbaren Anschluß an den Sherman Act und die später er-

gänzenden Gesetze, sowie an die staatsanwaltliche Tätigkeit der Antitrust-Division und die einschlägige Rechtsprechung.

2. Den verschiedensten kontrollartigen Gesetzen, welche, kurz gesagt, auf bestimmten Gebieten zu einer Art von Public Utility-Maßnahmen geführt haben, und welche auf besondern Wirtschaftsgebieten unter öffentlichem Interesse eine spezifisch verwaltungsrechtliche Kontrolltechnik einführten.

3. Sonstigen Maßnahmen der allgemeinen Wirtschaftspolitik — einschließlich der Zoll- und Steuerpolitik —, welche die vorstehenden Antitrustmaßnahmen oder Kontrollfunktionen ergänzen und stützen.

II. Zur Entwicklung der Antitrustpolitik in den Vereinigten Staaten

Die Geschichte des Antitrust-Gedankens im weiteren Sinne in den Vereinigten Staaten ist hiernach nicht auf die Weiterentwicklung des Sherman Act von 1890 in Praxis und Rechtsprechung beschränkt. Sie gliedert sich in verschiedene Etappen mit wechselnden Angriffsmethoden.

1. Schon am Anfang dieser Entwicklung stand der Interstate Commerce Act von 1887, welcher im Verkehrswesen eine besondere Kontrolle durch die Interstate Commerce Commission vorsah, die dann 1920 eine weitere Ausgestaltung erfuhr. Danach wurde das Verkehrswesen aber nicht etwa durch eine „Dekonzentrierung" (geschweige denn Verstaatlichung), sondern durch eine bestimmte Technik der Aufsicht geregelt, was bereits eine Annäherung an den Public Utility-Gedanken bedeutet.

1890 folgt der Sherman Act. Aber seitdem vergehen 20 Jahre unter zögerndem Experimentieren der Rechtsprechung, bis der Supreme Court durchgreift. 1911 werden Standard Oil New Jersey und der Tobacco Trust dekonzentriert, d.h. durch Zerschlagung der Holdings-Spitzengesellschaft in ihre Bestandteile aufgelöst. Das war der erste Schritt einer Dekonzentrierung großen Stils. Man hat die Wirksamkeit dieser Maßnahmen mit dem Hinweis bezweifelt, daß heute die Standard New Jersey noch größer sei als die 1911 aufgelöste Gesellschaft. Aber heute ist die Standard New Jersey in den Vereinigten Staaten nur eine von vielen Gesellschaften, nämlich von "20 Major Oil Companies". Sie steht trotz ihrer objektiven Größe noch in ernstem Konkurrenzkampf mit

Shell Union, mit Standard California und Texaco, mit Gulf Oil, Sun Oil und vielen andern. Ohne die Zerschlagung von 1911 wäre die Aufrechterhaltung eines solchen ernstlichen Wettbewerbs schwerlich möglich geworden.

Andererseits aber — die amerikanische Antitrust-Politik arbeitet nicht selten nach den Prinzipien: „Einerseits — Andererseits" — erfolgt 1911 zugleich eine gewichtige Abmilderung in der unerbittlichen Schärfe des Antitrustvorgehens. Für Konzentrationsvorgänge wird die Beurteilung nach der "Rule of Reason" eingeführt. Nur "unreasonable restraint of trade" stellt fortan eine übermäßige, illegale Konzentration dar. Diese Einschränkung ergab sich aus der Natur der Sache. Denn nicht jede Fusion oder eine sonstige Art des Zusammenarbeitens und des Zusammenschlusses konnte als gegen die Antitrustgesetze verstoßend angesehen werden. Solche Maßnahmen waren wirtschaftlich in vielen Fällen berechtigt, ja nicht selten für die weitere Stärkung der amerikanischen Wirtschaft unentbehrlich.

1914 erfolgte eine doppelte Erweiterung des Antitrustgedankens. Einerseits brachten der Clayton Act eine Reihe von Verschärfungen wie Ergänzungen und Ausfüllungen von Lücken des Sherman Act. Andererseits bedeutete die neue Federal Trade Commission wiederum einen Schritt in Richtung der Stärkung des Kontrollgedankens von 1887 durch Einsetzung einer dauernden Aufsicht und Kontrolle über "Unfair Trade Practices". Die Federal Trade Commission — eine neuartige Mischung zwischen begutachtender und verwaltungsgerichtlicher Institution — konnte zugleich cease- and -desist orders erlassen, gegen die es aber wiederum möglich war, den Court of Appeals anzurufen.

Der alsbald einsetzende Weltkrieg läßt „Antitrust" gegenüber der notwendigen Efficiency der Kriegsindustrie in den Hintergrund treten.

1920 folgte ein weiterer Rückschlag im Steel Case. Size as such (die Größe als solche) stellt darnach keinen Grund zur Verfolgung nach dem Sherman Act dar, — eine jedenfalls in dieser Allgemeinheit nicht unbedenkliche Maxime.

Die Weltkrisis von 1933 schwächte die Tendenz der Antitrustverfolgungen noch weiter ab. Nunmehr tritt der Gedanke der Kooperation verschiedener Firmen in den Vordergrund, um die Wirkung der Weltkrisis in Amerika abzuschwächen. Efficiency und Recovery gehen in Ausnahmezeiten dem Dekonzentrierungsprinzip vor. 1933 beginnt die Nira-Code-Gesetzgebung, die mit ihren mehr als 500 "Codes of Fair Competition" zu weitgehenden industriellen Zwangszusammenschlüssen auf kartellartiger Grundlage führt.

Allerdings setzen Gegenströmungen hiergegen alsbald in Gestalt von verfassungsmäßigen Bedenken beim Supreme Court ein. Die meisten Codes werden — allerdings erst bei Abflauen der Krise im Jahre 1935 —, für verfassungsmäßig ungültig erklärt.

Aber wenige Jahre später beginnt dann 1938 der Antitrustkampf mit erneuter Kraft auf breiter Front. Seit 1938 — einem für die amerikanische Antitrustpolitik einschneidendem Jahre — wird der Antitrustkampf zum eigentlichen wirtschaftspolitischen Kampf gegen Vermassung und Überkonzentration auf breitester Front.

Diese Entwicklung beginnt mit der Spezialbotschaft Roosevelts vom 29. April 1938, der die bis 1941 dauernde, gewaltige wirtschaftsparlamentarische Untersuchung mit den Worten einleitet:

> "Among us today the concentration of private power without equal in history is growing. This concentration is seriously impairing the economic effectiveness of private enterprise as a way of providing employment for labor and capital, and as a way of assuring a more equitable distribution of income and earnings among the people of the nation as a whole."

Auf dieser Grundlage wird das Temporary National Economic Committee (TNEC) geschaffen, mit der Aufgabe:

> "to make a full and complete study and investigation with respect to the concentration of economic power,

in, and financial control over, production and distribution of goods and services."

Zugleich setzt mit der Ernennung von Thurman Arnold zum Leiter der Antitrust-Division des Department of Justice eine überaus kräftige, staatsanwaltliche Antitrust-Verfolgung auf Grund des Sherman Act und des Clayton Act ein.

Der Etat der Antitrust-Division steigt von 413 000 Dollar im Jahre 1938 auf 1,3 Millionen Dollar in 1940/41, und später über 2 Millionen Dollar jährlich. Die Zahl der in Antitrust-Verfahren Angeklagten verzehnfacht sich.

Die Drohung von Antitrust-Verfolgungen hängt fortan wie ein Damoklesschwert über Industrie und Handel. Ähnlich wie man seinerzeit sagte, daß die englische Flotte ihre Hauptmacht durch die Tatsache ihrer Existenz äußerte, — "in being" —, wirft Thurman Arnold den Gedanken der "Road Patrol" in die Debatte:

"The mere fact that a road is known to be patroled cuts down the violation of the speed laws."

Dann folgt, wie es kürzlich Fortune Magazine formulierte, eine „Dramatisierung" durch Ächtung aller Kartelle, an der Spitze der deutschen Farben- und Hydrogenation-Vereinbarungen mit amerikanischen und englischen Firmen.

Allerdings stoppte wiederum die notwendige Aufrechterhaltung der efficiency der Kriegsindustrie allzu radikale Antitrustverfolgungen mitten im Kriege, — jedenfalls innerhalb der Vereinigten Staaten selbst.

Nach Kriegsende setzt dann die Antitrustrichtung, gestützt auf eine inzwischen verschärfte Antitrustrechtsprechung durch den Supreme Court mit erneuter Wucht ein, insbesondere in Fragen der „monopolistischen Gewalt" (Section 2 des Sherman Act) und in Patentfragen. Das gewaltige Verfahren gegen die Monopolgewalt der amerikanischen und kanadischen Aluminium-Schwestertrusts, dessen erste Instanz allein 58 000 Seiten Protokolle zeitigte und 28 Monate dauerte, führt zu dem klassischen Urteil von Judge Learned Hand, das meisterhaft bestehende Antitrust-

Grundsätze formuliert und weiterentwickelt, — aber die Auflösung des Aluminium-Trusts auf die Nachkriegszeit verschiebt.

Dieser Kampf, den man als eine Art "New Sherman Act" und als Kampf gegen neue Formen der "monopolistic competition" — oder auch der oligopolistic competition — bezeichnet hat, hält noch heute mit unveränderter Schärfe in der Praxis wie auf Capitol Hill und wohl auch in der Rechtsprechung an.

2. Über alledem ist nun aber nicht zu vergessen, daß parallel mit der Verfolgung des Zieles einer Dekartellisierung und Dekonzentrierung die „Überwachungs- und Kontrollrichtung" auf wirtschaftlichem Gebiete ihr Tätigkeitsfeld ebenfalls erweitern, eine Richtung der Antitrust-Politik, die man in der europäischen Terminologie als eine Art Public Utility Control bezeichnen würde.

In einem Memorandum on Regulatory Measures Affecting American Foreign Trade von 1944 hat der National Foreign Trade Council 17 gesetzliche Maßnahmen zusammengestellt, die als eine Art Staatsintervention auf den verschiedensten Gebieten der Wirtschaft in den Vereinigten Staaten anzusehen sind. Das Memorandum meint, diese Maßnahmen höhlten das Gebiet des freien Wettbewerbs mehr und mehr aus. In Wahrheit sind sie Eingriffe und ergänzende Maßnahmen, welche statt einer Dekonzentrierung besondere Kontrollen im öffentlichen Interesse einsetzen, und damit Verstaatlichungseingriffe in die Wirtschaft erübrigen sollen. Das Memorandum führt folgende Fälle an:

1. Interstate Commerce Act (1887) and Transportation Act of 1920
2. Shipping Act of 1916
3. Packers and Stockyards Act (1921)
4. Capper-Volstead Act of 1922
5. Perishable Agricultural Commodities Act 1930
6. Labor Provisions — Clayton Act 1914 and Norris-La Guardia Anti-Injunction Act, 1932
7. Agricultural Adjustment Act of 1933 mit Ergänzung 1937
8. National Industrial Recovery Act (1933)

9. Communications Act of 1934
10. Fisheries Cooperative Marketing Act (1934)
11. Connally Hot Oil Act (1935)
12. Poultry Amendment to Packers and Stockyards Act (1935)
13. Interstate Oil Compact Act (1943) and State Tobacco Compacts Act (1936)
14. Motor Carriers Act of 1935
15. Bituminous Coal Act of 1937
16. Civil Aeronautics Act (1938)
17. Small Business Mobilization Act (1942).

Aber dies sind nur hervorstechende Beispiele, die sich mit den wechselnden Bedürfnissen wandeln. Ein Teil dieser Gesetze sind zusammen mit der Rooseveltschen Nira-Gesetzgebung wieder verschwunden. Andererseits erhielt u. a. der Federal Reserve Board steigende Kontrollfunktionen über das Bankwesen. Die Bedeutung der Security und Exchange Commission wächst. Vor allem gewinnt die staatliche Kontrolle auch für die Landwirtschaft ständig an Bedeutung durch die Commodity Credit Corporation und kürzlich den Aiken Act von 1948. Danach werden sogenannte "basic crops" (einschließlich Weizen, Mais, Baumwolle und Tabak) zwischen 60 und 90% des Aufkommens durch den Secretary of Agriculture reguliert und zwar sowohl mit Erntebeleihungen und Produktionskontrollen wie mit Preissicherungen für die Farmer.

Zusätzlich sind sehr zahlreiche und komplizierte gesetzliche Regelungen von "Public Utilities" in den einzelnen Staaten — in Kalifornien z. B. mit besonderer Gründlichkeit — zu verzeichnen.

Als Ganzes genommen ist hiernach der Public Utility-Gedanke im Sinne wirtschaftlicher Kontrollfunktionen durch den Staat zu einer Gesetzgebungsserie, ja zu einer Wissenschaft und Wirtschaftspraxis für sich geworden, die nur bei jahrelangem Spezialstudium zu verstehen und zu meistern ist.

Public Utility Control im amerikanischen Sinne allerdings ist nicht mit „Gemeinwirtschaft" in europäischer Terminologie zu verwechseln. Nur in einzelnen Punkten, z. B. im Verkehrswesen auf dem Gebiete angemessener Tarife, arbeiten solche Kontrollen durch Kommissionen besonderer Art, allerdings teilweise mit außerordentlicher Gründlichkeit.

3. Hierzu tritt dann endlich eine dritte Richtung: Maßnahmen allgemeiner Wirtschaftspolitik zur Verhütung oder Zügelung von Vermassung und Monopolgewalt. Diese erstrecken sich dann auch auf den Schutz von Small Business und seine Erhaltung im Wettbewerb kleinerer und mittlerer Unternehmungen mit den Riesen des Wirtschaftslebens. Die Reprivatisierung der staatlich betriebenen Kriegsindustrien z. B. wurde zum Anlaß, neu erstehenden Firmen Gelegenheit zu geben, solche Industrien wieder privat zu betreiben. Neben dem Wiederaufbau der privaten Handelsschiffahrt ist der bekannteste Fall die Zuteilung von im Kriege staatlich betriebenen, großen Aluminiumwerken an "Newcomer" wie Reynolds und Kaiser, damit die Monopolstellung der Alcoa und der kanadischen Aluminium Ltd. gebrochen wird. Auch steuerlich wird gegenwärtig u. a. der Gedanke einer Vorbelastung allzu groß gewordener Unternehmungen geprüft, um auch auf diesem Wege sinnloser Übergröße entgegen zu wirken.

4. Nur einige Schlußfolgerungen seien abschließend aus vorstehendem, etwas al fresco skizzierten Gesamtbild gezogen.

Die ganze Entwicklung bestätigt den Ausgangspunkt unserer Betrachtung. Es handelt sich bei alledem nicht mehr um Spezialeingriffe auf Grund eines Sondergesetzes, vielmehr um Maßnahmen recht vielseitiger Art, welche in die wirtschaftliche Gesamtstruktur der Vereinigten Staaten und des internationalen Handels eingreifen. Die Bekämpfung der Mißbräuche geschieht zumeist fallweise an hervorstechenden Beispielen. Der Grundcharakter des Sherman Act bleibt hierbei unverändert, trotzdem in Sondergesetzen und durch besondere Untersuchungen Spezialgebiete besonders unter die Lupe genommen werden, wie z. B. Exportverbände (Webb-Pomerene Act), Trade Associations, Wiederverkaufsbindungen, Patent- und Lizenzmonopole usf. Verwaltungsrechtsartige Kommissionen und die Rechtsprechung unterstützen die Antitrust-Division. Diese ihrerseits wird aber zugleich in ihren staatsanwaltlichen Funktionen durch die öffentliche Meinung, durch begutachtende Kommissionen und die Gerichte, vor allem den Supreme Court, kontrolliert und gegebenenfalls in Schranken gehalten.

Trotz der scheinbar systemlosen Mannigfaltigkeit des Vorgehens denkt aber niemand in den Staaten an eine Abänderung des gegenwärtigen Zustandes durch Einrichtung eines „allmächtigen Monopolamtes", obwohl die verschiedenen Kommissionen, z. B. die Security and Exchange Commission, eine recht einschneidende Überwachungs- und Lenkungstätigkeit entfalten. Gerade die Elastizität und Varietät solcher Tätigkeiten wird allerseits nicht nur als tragbar, sondern als wünschenswert empfunden. So sagt z. B. der neue Assistant Attorney General Bergson in einer Rede am 17. Februar 1949:

> "First let me say that as far as the Sherman Act is concerned I do not believe it requires affirmative amendment. By that I mean that it does not appear necessary or desirable to add to the Sherman Act. The generality of that statute admirably permits adaptation to continually changing practices and methods."

Selbst Bergson denkt also nicht an die Schaffung eines allumfassenden, selbständigen Monopolamts.

Im großen ganzen bleibt ferner für Konzentrationsvorgänge die grundlegende Rule of Reason aufrechterhalten. Zwar wird der Prozentsatz der als monopolartig anzusehenden Marktbeherrschung von 80 und 90% mitunter schon auf 30—40% gesenkt, aber nur nach Lage des Falles.

All diese Unsicherheit ist kein für die Geschäftswelt gerade erfreulicher Zustand. Aber der Engländer Brogan verglich einmal die totalitären Staaten mit stolzen Segelschiffen, welche plötzlich in voller Fahrt auf ein Riff stoßen und kentern. Demgegenüber sei die Demokratie einem Floß vergleichbar, das langsam den Strom entlang geflößt würde. Ein solches Floß ginge

— so führte er aus — zwar nie unter. Aber die Schiffer hätten ständig die Füße im kalten Wasser.

Ähnlich ist die Lage der Wirtschaft bei der gegenwärtigen Antitrusttechnik. Auch hier muß man sich mit dem Gedanken abfinden, daß die Wirtschaft auf dem Floße zwar nicht untergeht, daß sie aber eben doch infolge der Antitrust-Gesetzgebung ständig die Füße im kalten Wasser habe. Und gerade das mag das eigentliche Geheimnis der Wirksamkeit des Sherman Act sein!

5. Mit alledem aber ist das Gesamtbild noch nicht abgerundet. Zu gedenken ist schließlich der internationalen Antitrustpolitik der Vereinigten Staaten seit 1943/44.

Auf Vorschlag Amerikas wurde 1944, um eine international gemeinsame Plattform für die World Trade Charter zu gewinnen, auch für internationale Kartellbildung die Rule of Reason eingeführt, während sie bisher nur für Monopolkonzentrationen galt. Clair Wilcox — neben Mason und Clayton — auf amerikanischer Seite einer der Väter der World Trade Charter, hebt hierzu Seite 112 seines Buches hervor:

> The Charter will not destroy monopoly in world markets over night; the Antitrust laws have not destroyed it in the United States in sixty years. Restrictive business practices are to be judged by their effects; a rule of reason has governed the interpretation of the Sherman Act.

Gleichzeitig wird Kapitel VI in der World Trade Charter unter amerikanischer Billigung geschaffen, das die Zulässigkeit von "International Commodity Agreements" regelt. Hiernach sind, unter Voraussetzung der Kontrolle der beteiligten Regierungen, auch internationale Rohstoffkartelle und ähnliche Kartellabmachungen im Sinne der World Trade Charter zulässig. Insbesondere das amerikanische Department of Agriculture war an einer solchen internationalen, kartellartigen Regelung interessiert, die z. B. den Abschluß des neuen internationalen Weizenabkommens ermöglichte.

Nichts kann besser die Elastizität und Anpassungsfähigkeit der amerikanischen Antitrustpolitik an wechselnde Zeitumstände illustrieren, als diese neueste internationale Entwicklung, wie sie in den Kapiteln V und VI der World Trade Charter zum Ausdruck kommt.

Auch hier aber begegnet man dem typischen „Einerseits — Andererseits". Die nationale Antitrusthaltung erlahmt durch diese elastischen internationalen Gesetze keineswegs in ihrer ureigenen amerikanischen Politik. Erst kürzlich ist der eindeutigste international-monopolistische Trust, die International Nickel, — in Canada durch die amerikanische Antitrust-Division im Wege eines Consent Decrees gezwungen worden, von restriktiven Vereinbarungen mit den Erzeugern anderer kompetitiver Metalle für das Wirtschaftsgebiet der Vereinigten Staaten Abstand zu nehmen. —

Und nun handelt es sich abschließend darum, — um auf europäische Verhältnisse zurückzukommen, — einige Nutzanwendungen aus dieser weitgespannten, wenn auch komplizierten Antitrustpraxis und Antitrustpolitik der Vereinigten Staaten zu ziehen.

III. Antitrustpolitik in Europa

Nach dem Vorhergesagten wären die auf Europa zu übertragenden Erfahrungen und Leitsätze des Antitrustgedankens amerikanischer Herkunft etwa folgende:

1. „Antitrustpolitik" beschränkt sich weder auf „Vernichtung von Kartellen", noch überhaupt auf einen einzelnen Gesetzgebungsakt. Der Antitrustgedanke muß das ganze Wirtschaftssystem als solches durchdringen. Auch auf dem Gebiete insbesondere der Public Utility-Kontrolle, aber auch im Rechte des Unlauteren Wettbewerbs, im Gesellschaftsrecht und Genossenschaftsrecht, im Patentrecht, im Steuerrecht und last but not least in der Handels- und Zollpolitik hat dieser Grundgedanke seine Bedeutung und sein Anwendungsgebiet, eben weil er einen Bestandteil des Wirtschaftssystems als solchen darstellt.

2. Ziel der Antitrustpolitik sollte auch in Europa sein: Kampf gegen wirtschaftliche Vermassung (Bigness), und zwar:

a) in der Hand von Unternehmungen und Unternehmern, aber auch
b) in der Hand von Gewerkschaften und vor allem
c) in der Hand des Staates selbst in seiner Eigenschaft als Unternehmer oder Unternehmensverwalter.

3. Ein solcher Kampf ist nicht lediglich negativ ein Kampf gegen „Machtpositionen" und ihren Mißbrauch, sondern in erster Linie positiv ein Kampf für Erhaltung und Wiederherstellung des Wettbewerbs zwischen lebenskräftigen Un-

ternehmungen. Nicht staatsanwaltlich betriebene Zerschlagung von Unternehmungen, sondern wirtschaftsfördernder Aufbau konkurrierender Unternehmenseinheiten sollte auch in Europa im Vordergrunde stehen.

4. Auch in Europa wäre ferner die eigentliche Antitrust-Technik materiell und formell elastisch zu halten:

a) Antitrustpolitik kann sich nicht auf die Kartellfrage beschränken, sondern muß das Monopolproblem als solches angreifen.

b) Materiell kommt auch für Europa die Annahme der Rule of Reason in dem dargelegten Sinne in Betracht.

c) Gesetztechnisch sollten die Regelungen sich nicht in Details verlieren, und damit das Ganze zu einem Kampf für oder gegen Lücken in der Antitrustgesetzgebung werden lassen.

d) Verfahrensmäßig wäre auch für Europa die allgemeine Justizkontrolle (nicht eine solche durch Sondergerichte) bis zum höchsten Gerichtshof aufrecht zu erhalten, der zugleich über die Verfassung wacht, wobei die Justizkontrolle auch etwaigen Übergriffen der Verfolgungsbehörden unter wirtschaftsverfassungsmäßigen Gesichtspunkten Schranken zu setzen hätte.

e) Der Ausgestaltung besonderer Untersuchungs-Kommissionen nach Art der Federal Trade Commission oder der Security Exchange Commission wäre besondere Aufmerksamkeit zu schenken.

f) Und endlich ist hierbei das Verhältnis zur Preisprüfung im allgemeinen klarzustellen.

5. Auch parlamentarische Kontrollen (nicht rein ministerielle Kontrollen durch ein „Monopolamt“) und Untersuchungskommissionen nach der Art des Temporary National Economic Committee (T.N.E.C.) sollten sich neben der verfassungsmäßigen Justizkontrolle ausbilden, vor allem auch ein Ausschuß zum besonderen Schutze von “Small business” und des “Newcomer”.

Die hier in großen Zügen zusammengefaßten Grundsätze bedürfen allerdings in ihrer Übertragung auf europäische Länder einer besonders vorsichtigen Überprüfung. Nicht nur in Währungsfragen ist das „Transfer-Problem“ eines der schwierigsten und heikelsten.

Trust- und Kartellprobleme im besonderen sind in den Vereinigten Staaten wirtschaftlich nicht völlig die gleichen wie in Europa. Aber auch „Europa“ selbst ist nicht — oder jedenfalls noch nicht — schlechthin „Europa“. Soll in Westeuropa eine wirtschaftliche Vereinheitlichung oder zum mindesten Annäherung und Koordination der verschiedenen Wirtschaftssysteme seiner Länder sich bereiten, so wird man auch in Antitrust-Fragen, die mit den Wirtschaftssystemen der einzelnen Länder eng zusammenhängen, nicht in einem europäischen Lande gänzlich anders vorgehen können, als in einem andern. In England oder Frankreich, in Holland oder Belgien, in der Schweiz oder in Deutschland wird man dann schwerlich völlig verschiedene oder gar miteinander kollidierende „Antitrust-Systeme“ entstehen lassen können. Auch im Europarat ist bereits ins Auge gefaßt, unter Ausbildung einer gemeinsamen europäischen Kartellüberwachung auch in der Antitrust-Politik eine einheitliche Linie zu verfolgen. Wenn sich offene Widersprüche in der Wirtschaftspolitik der verschiedenen europäischen Länder ergeben würden, wenn zum Beispiel in Frankreich oder England mächtige Trusts oder Bindungen dritter Hand bestehen blieben, Trusts aber in andern Ländern aufgelöst oder Bindungen dritter Hand verboten würden, so könnte dies zu unnatürlichen Standortsverschiebungen, Diskriminierungen und Widersprüchen innerhalb eines neuen europäischen Wirtschaftsraumes führen.

Nur einige Bemerkungen seien in dem vorliegenden begrenzten Rahmen in bezug auf die Lage in den einzelnen Ländern hierzu verstattet.

Der neue englische Monopoly Act von 1948 ist ähnlich dem neuen schwedischen Antitrust-Gesetz sehr elastisch aufgebaut. Er ist auf von vornherein nicht scharf umrissene Untersuchungen von Fall zu Fall durch eine besondere Regierungskommission abgestellt, die der Board of Trade instruiert. Eine Labourregierung kann aber schwerlich ein Gesetz ernstlich durchführen, das — entgegen ihren letztlichen Wirtschaftszielen der Verstaatlichung — eine freie Konkurrenz innerhalb der Privatwirtschaft wiederherstellen will. Noch 1945 wurden auf dem internationalen Gewerkschaftskongreß in London internationale Monopole und Kartelle nur insoweit abgelehnt, „als sie dem Volkswohl schaden". Als Volkswohl aber erstrebt man unter anderem wohl weitgehende Nationalisierungen, zu welchen Konzentrierung in Rieseneinheiten und Kartellisierungen eine geeignete Vorstufe bilden können.

In Frankreichs neuem Kartellgesetz-Entwurf soll praktisch die althergebrachte Unterscheidung zwischen „guten" und „bösen" Kartellen, die an die englisch-amerikanische Herkunft der rule of reason erinnert, aufrechterhalten bleiben. Beide alternative Regierungsprojekte, wie sie aus Anhang II zu ersehen sind, enthalten kein striktes Kartellverbot.

In Deutschland steht demgegenüber neben anderen Entwürfen der neoliberalistische Entwurf von Josten-Böhm im Vordergrund der Diskussion, in dessen Präambel es unter anderem heißt:

> Wo die Wirtschaftspolitik des Staates die Ordnung der Märkte dem Leistungswettbewerb anvertraut, dürfen Marktbeteiligte den Markt dem Ordnungsprinzip des Leistungswettbewerbs nicht entziehen.

Dieser Entwurf ist in seinem grundsätzlichen Aufbau und in seinen zahlreichen Einzelheiten zum großen Teile mit dem, was oben als Ergebnis und Lehre der amerikanischen Entwicklung zusammen gefaßt wurde, schwerlich in Einklang zu bringen.

Gedanklich lehnt sich der Entwurf eng an eine bereits 1937 von Böhm veröffentlichte Schrift:

> Die Ordnung der Wirtschaft als geschichtliche Aufgabe und rechtsschöpferische Leistung

an, gegen die ich schon vor Jahren in meinem Buche: „Die wirtschaftliche Konzentration an ihrer Schicksalswende" mit eingehender Begründung Stellung genommen habe (abgedruckt in Abschnitt C der vorliegenden Studie).

Inzwischen haben sich angesichts eines nunmehr vorliegenden Josten-Böhmschen speziellen Gesetzentwurfes für die Ordnung der Wirtschaft durch Leistungswettbewerb, — so sorgfältig er durchdacht und ausgearbeitet ist —, meine damaligen grundsätzlichen Bedenken eher noch verstärkt.

Sie werden durch die neueste Entwicklung auf diesem Gebiete in der Schweiz, wo jetzt ebenfalls das Interesse für den Erlaß eines Antitrust-Gesetzes stark im Wachsen ist, bestätigt. Diese Entwicklung ist besonders in einem Lande interessant, das trotz seines unbestritten liberalen und urdemokratischen Charakters eines der kartellreichsten europäischen Länder ist.

In einem sehr beachtenswerten Aufsatze nimmt Professor Marbach, Bern, der vielleicht die erste Autorität auf dem schweizerischen Kartellgebiete ist, weil er als langjähriger Vorsitzender der schweizerischen Preisprüfungskommission schon acht große Kartell-Enquêten in den verschiedensten Branchen in der Schweiz durchführte, insbesondere gegen den erwähnten Entwurf neoliberalistischer Gedankenrichtung sehr entschieden Stellung. Marbach führt hier aus:

> In den U.S. sei die Antimonopol-Politik eine Frage des Maßes. Nur in Deutschland werde, wie es scheine, die Grundsätzlichkeit neuerdings zu fragwürdigen Triumphen geführt.

Dann fährt er fort:

> Jedenfalls, so scheint mir, wäre die relativ unauffällige privatrechtliche Regelung zweckmäßiger als jene öffentlich-rechtliche Ordnung, welche, wie das beim Böhmschen Entwurf für Deutschland der Fall ist, mit strafrechtlichen Tatbeständen operiert, vor denen einem Schweizer schwindelt (Machtanmaßung, Auflehnung, Machterschleichung, machtwirtschaftliche Nötigung, Marktverschleierung usw.). Wie die deutschen Vertreter der Euckenschule, die für den Böhmschen Entwurf geistig verantwortlich zeichnen, dem Staat im angeblichen

Interesse der Freiheit eine solche auf dehnbarem Kautschuk geschriebene Machtfülle überantworten könne, ist einem Schweizer wohl nicht ohne weiteres verständlich. Nach unserem Begriff schießen die deutschen neoliberalistischen Vorbereiter des Monopolgesetzes mit Kanonen auf Spatzen.

An anderer Stelle wendet sich dann Marbach gegen das „Eintopfgericht Monopolverbot" — wie er es nennt —, und warnt,

daß wenn der Staat im Sinne zu radikaler Monopolbekämpfung zum Wohle der Freiheit eingreifen wolle, dies nicht zu einer Staatsintervention werden dürfe, welche die Freiheit wieder an einem weiteren Ende beschneide, und in einen von den meisten Bürgern ungewollten Dirigismus zu verfallen drohe.

In der Tat trägt der dem Josten-Böhmschen Entwurf zugrunde liegende Gedanke des „Leistungswettbewerbs" ebenso wie der Gedanke der Schaffung eines Monopolamts mit schier unbegrenzten konstitutiven oder rekonstruierenden Befugnissen diese Gefahr dem inneren Wesen nach in sich.

Wer soll letztlich darüber entscheiden, was eine billigenswerte wirtschaftliche Leistung ist, die bei einem solchen dirigierten Wettbewerb erzielt werden soll? Doch wohl nach dem Gedanken und der Theorie des „Leistungswettbewerbs" eben wieder der Staat selbst in Gestalt eines allmächtigen Monopolamts. Wer auf diese Weise die Herstellung einer möglichst freien, privaten Konkurrenz erstrebt, würde praktisch den Teufel mit dem Belzebub austreiben. Wer würde ferner in einem solchen „Leistungswettbewerb" letzten Endes der Sieger bleiben? Doch wohl eben wieder die großen Wirtschaftsgebilde, welche auch in den Vereinigten Staaten durch die jahrzehntelange Antitrust-Praxis nicht ausgerottet wurden, — aber auch gar nicht ausgerottet, sondern nur gezügelt werden sollten. Daß Riesengebilde unter Umständen "more efficient" sind als die kleineren und mittleren Newcomer, deren Aufkommen und Erhaltung eine richtig verstandene Antitrust-Gesetzgebung gerade schützen will, wird „den Riesen" nicht schwer fallen, im praktischen Einzelfalle zu beweisen.

Dazu kommt endlich, daß eine abrupte Änderung bisheriger Wettbewerbsgepflogenheiten in Europa gerade in der gegenwärtigen Übergangszeit Verwirrung und Unsicherheit auf fast allen Gebieten des wirtschaftlichen Lebens zur Folge haben muß. Eine Umstellung auf diesem Gebiete, welche zahllose Ausnahmsgenehmigungs-Gesuche bei einem omnipotenten, aber erfahrungslosen Monopolamt zeitigen müßte, könnte daher den gegenwärtigen Bestrebungen der amerikanischen Regierung entgegenarbeiten, welche bis 1952 — dem Ende der großzügigen, aber nicht ewig andauernden Marshallhilfe — die europäische Wirtschaft möglichst produktiv gestalten und auf sich selbst stellen will. Gerade in den schwierigsten Nachkriegszeiten würde dann die europäische Wirtschaft, statt im Sinne des Marshall-Administrators Paul Hoffmann, auf koordinierte Gütervermehrung und Ausgleich der Zahlungsbilanzen bedacht zu sein, in einer Fülle unproduktiver Zweifelsfragen und Rechtsstreitigkeiten sich verzetteln und ihre letzte Kraft verzehren. In den Vereinigten Staaten selbst ist man, wie bereits erwähnt, in der verantwortungsvollen Zeit des Krieges, als größtmögliche Produktion im Vordergrunde stand, gerade in Antitrust-Fragen nur mit behutsamer Vorsicht und Zurückhaltung vorangegangen.

Nach alledem sollten allerdings Wirtschaftskonzentration und internationale Kartelle unter echter Kontrolle stehen — im Einklang mit dem angelsächsischen Rechtsprinzip der Equity —, d. h. gesunde Konzentrationen sollten von ungesunden geschieden werden. Aber eine solche Scheidung kann nicht durch einen vorher genau festgelegten Kodex behördlicher Sittenlehre erfolgen. Sie muß der öffentlichen Kritik im Spiele der freien Kräfte und einer organischen Entwicklung durch eine kontrollierende Rechtsprechung unterstehen. Nicht aber sollte man dem Unternehmer im einzelnen durch behördliches Planen vorschreiben — oder ihn allgemein der vorherigen Genehmigung durch ein allmächtiges Monopolamt unterstellen —, wie er sich bei der Konkurrenz im Wirtschaftskampf benehmen soll oder darf, um besondere, staatlich zu billigende Leistungen hervorzubringen. Denn dann macht man den Unternehmer zu einer Art Rennpferd auf einer als staatliche Veranstaltung inszenierten Rennbahn. Der amerikanische Geschäftsmann würde sich schwerlich mit seiner Unternehmertätigkeit in eine vom Staatsanwalt inszenierte Rennbahn hineinzwängen lassen, und sozusagen mit heraushängender Zunge an der Seite von anderen „Unternehmerpferden" ständig um einen staatlichen Wettbewerbspreis zu konkurrieren gewillt sein. In großer Offenherzigkeit meint daher auch Miksch, ein starker Befürworter des Prinzips des Leistungswettbewerbs im Rahmen einer staatlichen „Marktordnung", daß die Zeiten des laissez-faire damit vorüber seien.

Das Wesen der Marktwirtschaft setzt grundsätzlich Freiheit des Unternehmers und Entfaltung seiner schöpferischen Entscheidungskraft voraus, und zwar gleichviel, ob es sich um kleinere oder größere Unternehmungen handelt. Nur wenn und insoweit Mißbräuche, Zusammenstöße und Verkehrsunfälle drohen, sollte und müßte der Staat wie ein Verkehrsschutzmann eingreifen. In solchen Fällen allerdings kann und soll der Eingriff gegebenenfalls auch hart sein. Aber nicht in allen Fällen sind kriminelle Strafen oder ein vorher festgelegtes Netz von Verbotsvorschriften erforderlich oder selbst ausreichend. Oft genügen auch grüne und rote Verkehrsampeln, manchmal sogar Schilder auf der Landstraße mit Ausrufungszeichen, um den ordnungsmäßigen Verkehr zu gewährleisten. Oder, wie Thurman Arnold es gelegentlich ausdrückte:

> Genügend Straßenpolizei und Straßenkontrolle allein sind oft schon ausreichend, um die Straßengeschwindigkeit der Autos den Verkehrsvorschriften anzupassen.

Diese Erkenntnis war wohl auch der tiefere Grund, weswegen — für internationale Zusammenhänge — sich die amerikanischen Antitrust-Vorschläge von im amerikanischen Wirtschaftsleben erfahrenen Männern wie Mason, Clayton und Wilcox in Kapitel V der Havana Charter zu dem sinnvollen Kompromiß der rule of reason durchgerungen haben.

IV. Ausblick

Damit kommt unsere kursorische Betrachtung über das Verhältnis des Antitrust-Gedankens zum Wirtschaftssystem als solchen zu abschließenden Folgerungen.

Zwischen Laxheit und Übermaß von Antitrust-Methoden und Antitrust-Kontrollen die richtige Grenze zu ziehen, ist nicht immer leicht. „Antitrust" als Schutz und Bollwerk der Aufrechterhaltung der Marktwirtschaft und des Wettbewerbs bedarf einer kundigen Hand, in allmählicher Entwicklung und in ständiger Wachsamkeit, — frei von aller Animosität oder gar destruktiven Zerschlagungstendenzen. Das Gefüge der freien Marktwirtschaft, welche zugleich dem Gemeinwohl dienen soll, ist ein delikates und nicht leicht zu handhabendes Instrument. Und doch hat es sich trotzdem bisher erfahrungsgemäß als ein erfolgreicheres Räderwerk erwiesen als jedes andere System der Wirtschaft.

Der Antitrust-Gedanke ist hierbei aus dem System der Marktwirtschaft und des echten Konkurrenzkampfes zwischen erwerbswirtschaftlich arbeitenden Unternehmungen nicht mehr wegzudenken. Aber er darf auch nicht zur Unzeit auf die Spitze getrieben werden. Antitrustpolitik ist keine leicht zu handhabende Axt, ebensowenig wie dies die parallelen Instrumente der Währungspolitik oder der internationalen Handels- und Zollpolitik sind.

Der Antitrust-Gedanke ist mit anderen Worten zwar nicht zum alleinigen Korrektiv und ausschließlichen Korrelat des Systems der nationalen und internationalen Marktwirtschaft geworden. Aber er ist heute angesichts der rapid zunehmenden Fortschritten in Technik und Verkehr jedenfalls ein Korrelat und ein Korrektiv im lebenden Gefüge des privaten Wettbewerbs.

Wenn die Dinge sich so einfach handhaben und in so klare Formeln gießen ließen, wie sie der gläubige Schüler von Faust-Mephisto beruhigt nach Hause tragen möchte, dann hätten die Vereinigten Staaten selbst schon seit 1890 solche Formeln längst gefunden und kodifiziert, anstatt sich fortdauernd unter wechselnden Zeitumständen mit diesen im ewigen Fluß befindlichen Fragen zu beschäftigen und noch heute ständig mit ihnen zu ringen.

Niemand vielleicht hat dies klarer erkannt als J. D. Clark, ein Senior der amerikanischen Wirtschaftswissenschaft, wenn er in seinem Werk: "The Control of Trusts" sagt:

> "The problem of trusts is many-sided, elusive and changing, and it requires the combined action of the state, the nation, the citizens, and the trade itself with its organizations, to hold the interests in a tolerable moving equilibrium....
> The question will not be "solved" in the sense of ceasing to exist as a problem.....
> Eternal vigilance is the price of freedom to compete as well as of other varieties of freedom".

(Übersetzung):

> „Das Problem der Trusts ist vielseitig, nicht immer klar zu fassen und wechselnd. Es erfordert die gemeinsamen Bemühungen des Staates, der Nation, der Bürger und des Handels mit seinen Organisationen, um die verschiedenen Interessen in einem erträglichen, beweglichen Gleichgewicht zu halten........
> Diese Frage wird sich nicht in dem Sinne „lösen" lassen, daß etwa das Problem eines Tages in Fortfall käme......
> Ewige Wachsamkeit ist der Preis für die Freiheit, im Konkurrenzkampf zu fechten, wie sie auch der Preis ist für alle anderen Arten der Freiheit."

B

ANMERKUNGEN UND QUELLENANGABEN

1. Freie Übertragungen der englischen Zitate des Textes

a) Seite 12, Zeile 5ff.

Als eine Freiheits-Charter hat der Act (Sherman Act) eine Allgemeinheit der Formulierung und Elastizität, die den Regelungen gleicht, welche für Verfassungsbestimmungen gebräuchlich sind. Er beschäftigt sich nicht mit ins einzelne gehenden Definitionen, welche entweder einwandfrei aufgebauten Unternehmungen zum Schaden gereichen können, oder aber sich zu sehr im Speziellen verlieren, so daß sie ihre Zwecke nicht erreichen können, weil sie nur Lücken für Umgehungen bieten.

b) Seite 15, Zeile 11 von unten.

Vermassung der geschäftlichen Unternehmungen bringt zugleich auch Vermassung in der Machtposition der Gewerkschaften mit sich. Und Vermassung sowohl der Unternehmungen wie der Gewerkschaften führt zugleich zu Vermassungen in der Regierungsgewalt. Ich frage mich, wie weit wir mit all diesen Vermassungen gehen können.

c) Seite 20, ab Zeile 23.

In den Vereinigten Staaten ist heute eine Konzentration privater Macht im Wachsen begriffen, die in der Geschichte ohnegleichen ist. Diese Konzentration gefährdet ernstlich die wirtschaftliche Leistungsfähigkeit der privaten Unternehmungen, welche eine hinreichende Beschäftigung für Arbeit und angemessene Verwendung des Kapitals vorzusehen haben, und zugleich eine gerechtere Verteilung des Einkommens und der Gewinne innerhalb des ganzen Volkes sichern sollen.

Auf dieser Grundlage wird das Temporary National Economic Committee (TNEC) geschaffen, mit der Aufgabe:

> gründliche und vollständige Untersuchungen anzustellen in bezug auf die Konzentration wirtschaftlicher Macht und finanzieller Kontrolle der Produktion und Verteilung von Gütern und Diensten.

d) Seite 21, Mitte.

Die bloße Tatsache, daß eine Straße polizeilich kontrolliert wird, hat zur Folge, daß die Fälle von Verletzungen der Vorschriften über die zulässige Geschwindigkeit sich verringern.

e) Seite 25, Zeile 16 von unten.

Lassen Sie mich von vornherein feststellen, daß ich nicht glaube, daß der Sherman Act positive Ergänzungen benötigt. Hierunter verstehe ich, daß es nicht notwendig oder auch nur wünschenswert erscheint, daß man gesetzliche Ergänzungen des Sherman Act vornimmt. Gerade weil dieser Act so allgemein gehalten ist, erlaubt er in ausgezeichneter Form die Anpassung an ständig wechselnde Praktiken und Methoden der Anwendung.

f) Seite 26, Zeile 16 von unten.

Die Charter will nicht etwa über Nacht die Monopolerscheinungen auf den Weltmärkten zerstören; auch in den Vereinigten Staaten konnten die Antitrust-Gesetze eine solche Zerstörung innerhalb der 60 Jahre ihres Bestehens nicht vornehmen. Restriktive Geschäftspraktiken sind nach ihren Wirkungen zu beurteilen; eine Rule of reason hat die Auslegung des Sherman Act beherrscht.

2. Neues Schrifttum zur Antitrustfrage

Bezüglich Literaturangaben sei auf mein Buch: „Der Wandel des internationalen Kartellbegriffs“ (Amerikanische Kartell-Doktrin und World Trade Charter) 1947 (Verlag Francke AG., Bern) verwiesen.

Zusätzlich aber hat sich vor allem im amerikanischen Schrifttum die Untersuchung der Antitrust-Probleme in jüngster Zeit stark vertieft. Unter anderm sei auf folgende neuere Quellen verwiesen:

a) Vor allem EDWARD G. MASON: The current Status of the Monopoly Problem in the United States. Vgl. Harward Law Review June 1949 pp. 1265ff.

b) CORWIN D. EDWARDS (Chief Economist of the Federal Trade Commission): "Maintaining Competition" 1949. Vgl. auch G. STIGLER: American Economic Review, 2—3 Supplement, June 1942, beide insbesondere über den neuen Begriff der sogenannten "Workable Competition".

c) M. A. ADELMAN: Integration and Antitrust Policy in Harward Law Review, November 1949, pp. 27ff. (derselbe auch in Harward Law Review, September 1948).

d) HERBERT A. BERGSON (Assistant Attorney General of the United States): Current Problems in the Enforcement of the Antitrust Laws. Vortrag gehalten am 17. Februar 1949 in der New York Barr Association (The Record 1949, pp. 115ff.).

e) DAVID F. CAVERS: Antitrust: Symbol into Problem, in Fortune Magazine, August 1949.

f) M. A. ADELMAN: The Great A & P Muddle. Untertitel: In pursuit of an outstanding price competitor, Antitrust flouts common-sense economics. Fortune Magazine, December 1949.

g) JOHN McDONALD: Businessmen and the Sherman Act, mit dem Untertitel: An outbreak of trust busting, congressional rumblings on economic power, and a new concept of monopoly in the courts make imperative a reappraisal of the realities of competition. Fortune Magazine, January 1950.

3. Weiteres Material zur Frage des „Leistungswettbewerbs“

a) Aus der schweizerischen Literatur vor allem die im Text mehrfach zitierte Studie von Prof. FRITZ MARBACH, Bern: Zur Frage der antimonopolistischen Intervention. In Wirtschaft und Recht (Verlag Orell Füssli, Zürich) Heft 4, Januar 1950.

b) Aus der englischen Literatur vgl. den Aufsatz von F. A. HAYEK: "Free" Enterprise and Competitive Order in: Individualism and Economic Order. London, Verlag Routledge & Kegan Paul Ltd.
In diesem Essay wird (Seite 111) mit Recht ein scharfer Unterschied gemacht zwischen "competitive order" und "ordered competition". Der Begriff "competitive order" wird von Hayek dahin verstanden, daß der Wettbewerb arbeitsfähig gemacht werden soll. Dagegen charakterisiert er die Form der "ordered competition" dahin, daß diese praktisch gerade dazu gelangt, die Wirksamkeit des Wettbewerbs einzuschränken. Aus dem Josten-Böhmschen Entwurf dürfte im Sinne der Hayekschen Terminologie der Versuch zu entnehmen sein, eine "ordered competition" einzuführen, aber nicht eine "competitive order", die zu einer freiheitlicheren Ausgestaltung des Wettbewerbs der privaten Unternehmungen untereinander führen soll.

c) Zur weiteren Präzisierung des Standpunktes von BÖHM ist auch sein Aufsatz heranzuziehen: Dekartellisierung und Konzernentflechtung. Spezialaufgabe oder Schicksalsfrage? (Süddeutsche Juristenzeitung, September 1947). Auch dieser Aufsatz gibt nur zu einer Verstärkung der Bedenken Anlaß, die ich bereits 1940 geäußert habe, und die in Anhang I wiedergegeben sind. Vgl. hierzu z. B. Böhm a. a. O. S. 502: Wo immer eine Marktwirtschaft mit freiem Tauschverkehr und freier Preisbildung funktionsfähig erhalten werden soll, da gibt es vielmehr nur eine einzige politische Reaktion auf das Vermachtungsproblem, die zum Ziel führt und logisch verantwortet werden kann, und diese Reaktion heißt: Verhinderung, Bekämpfung und Rückbildung des Vermachtungsprozesses mit allen zu Gebote stehenden Mitteln des Rechts, der Verwaltung und einer auf die Ermutigung und Belebung des Wettbewerbs abzielenden allgemeinen Wirtschaftspolitik. Es gilt, schlechthin die gesamte Verwaltungstätigkeit, die gesamte Staatspolitik und das gesamte Recht (vor allem das Verkehrsrecht, Gesellschaftsrecht, Patentrecht, Konkursrecht, Steuerrecht, Währungsrecht — die unter diesem Gesichtspunkt zu reformieren wären —) in den Dienst der Aufgabe zu stellen, die Marktvermachtung auf das Mindestmaß (Machtminimum) zurückzudrücken. Gewiß, es wird ein außergewöhnliches Maß von Staatskunst und Regierungskultur, von gesetzgebender und rechtsauslegender Feinarbeit, von Gerechtigkeitssinn, wirtschaftspolitischer Einsicht, Grundsatztreue, Geduld, Intelligenz und Kraft gefordert, wenn es gelingen soll, dieses Ziel zu verwirklichen; aber der Aufwand wird sich lohnen. Was aber soll mit demjenigen Rest von Wirtschaftsmacht geschehen, der auch durch die wirksamste und folgerichtigste Entmachtungspolitik nicht beseitigt werden kann? Die Antwort lautet: Diese vermachteten Märkte müssen der straffsten Staatsaufsicht unterstellt werden. Aufgabe der Staatsaufsicht würde es sein, die im Besitz von Macht befindlichen Marktbeteiligten zu veranlassen, sich so zu verhalten, wie sie sich verhalten würden, wenn sie einem wirksamen Leistungswettbewerb ausgesetzt wären (Politik des „Als ob"). Gewiß, die Feststellung, welches der Wettbewerbspreis auf einem Markt ist, auf dem kein Wettbewerb besteht, ist sehr schwierig; aber sie ist mit Hilfe von Überlegungen, die von der modernen Wirtschaftstheorie erarbeitet worden sind, immerhin möglich. Dadurch, daß alle Machtträger einem dauernden und unnachgiebigen Zwang zu wettbewerbskonformem Verhalten unterworfen werden, soll ein zweifaches erreicht werden: Nämlich einmal die volle Erhaltung der Steuerungskraft des Preissystems und zweitens die Beseitigung der Anziehungskraft von Machtbesitz; kein Marktteilnehmer soll hoffen, sich durch den Erwerb und Einsatz von Marktmacht Vorteile verschaffen zu können, die dem machtlosen Wettbewerber nicht erreichbar sind. Man kann vielleicht den Inhalt der hier umrissenen Kartellpolitik in folgender schlagwortartiger Formulierung zusammenfassen: Rücksichtslose Entmachtung der Privatwirtschaft, Entprivatisierung der dann noch verbleibenden Marktmacht. (Sperrungen teilweise vom Verfasser.) —

Immer ist hier nur von „Vermachtung des Unternehmertums" die Rede, nie aber von der offenkundig immer stärker werdenden Vermachtung in der Staatswirtschaft und der Bürokratie. Zum Schluß des vorerwähnten Aufsatzes (Seite 505) wird an die Arbeiter und Angestellten appelliert, um die „Vermachtung der Unternehmer" zu brechen, obwohl gleichzeitig erkannt wird, daß damit die Arbeiter zu einem „Liberalismus" gegen das Unternehmertum aufgerufen werden, der im strikten Gegensatz nicht nur zu den Unternehmungen, sondern auch zur Ideologie von Marx und Engels steht.

Welcher wirtschaftliche Unternehmer, aber auch welcher Angestellte und Arbeiter soll und wird auf diesem Wege der „Liberalisierung der Wirtschaft“ praktisch folgen?

Ökonomisch zeigt der neue Aufsatz von W. Eucken: Die Wettbewerbsordnung und ihre Verwirklichung“ in dem 2. Sammelband „Ordo“ (Jahrbuch für die Ordnung von Wirtschaft und Gesellschaft 1949) das verständliche und maßvolle Bestreben, eine innerlich freiheitliche Wirtschaftsordnung allmählich wieder erstehen zu lassen.

Die juristische Verwirklichung einer solchen Idealordnung aber auf dem Antitrustgebiete, wie sie bisher in dem Josten-Böhmschen Entwurf vorliegt, stellt eine Zwangsordnung dar, der sich eine europäische, freiheitlich gesinnte Wirtschaft ebensowenig freiwillig unterwerfen dürfte, wie dies "american free enterprise" wahrscheinlich zu tun gedächte.

d) Vergleiche endlich die neue Schrift von Dr. H. D. SALINGER, Den Haag: Zur europäischen Kartellfrage, ihre wirtschaftliche, gesellschaftliche und politische Bedeutung (abgedruckt im „Industrie-Anzeiger“ Essen, Nr. 1ff., von 1950), die viel zu stark die Vorzüge internationaler Kartelle unterstreicht und die Notwendigkeit einer elastischen, aber wirksamen europäischen Antitrust-Gesetzgebung zu Unrecht in den Hintergrund treten läßt.

4. Der Begriff der „Workable Competition"

Dieser Begriff rückt in der neueren amerikanischen Diskussion über Antitrust-Probleme immer mehr in den Vordergrund. Er hat einen doppelten Sinn. Manche verstehen darunter:

> Market Conditions imposing a set of limitations on the scope of action of the individual buyer or seller (d. h. strukturelle Elemente des Marktes wie z. B. die Anzahl der beteiligten Firmen, Grad der Beteiligung am Markt, Bedingungen für Newcomer usw.).

In dieser Richtung gehen insbesondere die Untersuchungen von Edwards in seinem Werk: "Maintaining Competition".

Andere wieder verstehen "Workable competition" in terms of effective business performance (d. h. sie legen den Wert auf das Verhalten der betreffenden Firmen im Markte selbst). MASON a. a. O. Seite 1281 zählt als Tests für "Effektive Business Performance" auf:

1. Progressiveness
2. Cost-price relationship
3. Capacity-output relationship
4. Level of profits
5. Selling expenditure.

Die Kategorien 1—5 erinnern entfernt an den Gedanken des „Leistungswettbewerbs", wenn auch in ganz anderem Sinne, als Böhm diesen Begriff verstanden wissen will.

Die angeführte Studie von MASON setzt mit Recht auseinander, daß das Problem heute wie folgt zu formulieren ist:

> Is effective competition conceived to be a set of market conditions or is it judged in terms of effective business performance?

Seite 1272 a. a. O. führt Mason hierzu aus, daß die Rechtsprechung unter beiden Gesichtspunkten Verletzungen des Antitrustgedankens feststellt, und daß es notwendig ist, eine Koordination beider Elemente in der Antitrustpraxis herbeizuführen.

Aus alledem ergibt sich, daß sich in den Vereinigten Staaten die Diskussion über den Wettbewerbsgedanken im allgemeinen und über reasonable und unreasonable restraint of trade auf einer viel differenzierteren Basis bewegt, als dies nach der Theorie vom „Leistungswettbewerb“ den Anschein haben könnte, die als solche in den Vereinigten Staaten unbekannt ist.

Auch dies ist ein gewichtiger Grund, weswegen man unmöglich für europäische und insbesondere für deutsche Verhältnisse den Gedanken des „Leistungswettbewerbs“ ohne weitere eingehende Prüfung in ein neues Antitrustgesetz übernehmen kann, da man amerikanischen Gedankengängen nachgehen und sie berücksichtigen will. Auch für Europa bleibt wahrscheinlich nichts anderes übrig, als die einseitige Theorie des „Leistungswettbewerbs“, die auf entschiedensten Widerspruch in den Kreisen der Wirtschaft stößt, fallen zu lassen, sowie ferner gesetzestechnisch allgemeine Formulierungen, etwa diejenigen des Sherman Act anzunehmen und den Begriff der “Workable Competition” weiter zu untersuchen. Dann muß vor allem der Rechtsprechung und Praxis (aber nicht einem allmächtigen Monopolamt!) die weitere Entwicklung unter Berücksichtigung der Bedürfnisse der Wirtschaft einerseits und des öffentlichen Interesses andererseits überlassen werden.

C

ANHÄNGE

I. Zur Frage des „Leistungswettbewerbs“ als Grundgedanke für eine Antitrust-Politik

II. Zum Stande der französischen Antitrust-Gesetzgebung

Anhang I

Zur Frage des „Leistungswettbewerbs"

(Auszug aus F. HAUSSMANN: Die wirtschaftliche Konzentration an ihrer Schicksalswende. Basel 1940, S. 191ff.)

Leistungsprinzip und „Leistungswettbewerb". Die Versuche der Schaffung von „Marktordnungen" als Ausfluß liberaler oder totalitärer Wirtschaftslenkung

— — — — — — In dem System der „Ordnung der natürlichen Kräfte" hat zwar nicht die Leistungssteigerung als solche, wohl aber die Intervention zum Zwecke der Leistungserhöhung von außen her ihre naturgemäße Grenze. Man kann — wie einmal eine Schweizer Zeitung in treffender Kritik besonders einschneidender Eingriffe eines totalitären Staates in Wirtschaftsvorgänge schrieb — nicht einen Trompeter dadurch zum besseren Blasen bringen, daß man ihn immer stärker vor den Bauch tritt. Ganz anders aber ist die Vorstellung von der Bedeutung der Eingriffe durch Zweckorganisation von außen her. Denn in diesem Fall handelt es sich weder um ein ankurbelndes Ingangbringen eines alsdann von sich aus sich weiterbewegenden Mechanismus, noch um ein Ordnen zum Zwecke der Freimachung der natürlichen Kräfte von Reibungen oder auch um ein temporäres Eingreifen in außerordentlichen Zeiten, vielmehr nur um Erzielung bestimmter Leistungen als solcher, die von außen her vorgeschrieben, oder zum mindesten „erwartet werden", und die keineswegs im Wesen und in der Zielrichtung der natürlichen Kräfte gelegen zu sein brauchen.

Dafür, wie notwendig auch auf diesem Gebiete eine klare Grenzziehung zwischen den beiden dargelegten Organisationsprinzipien ist, gibt die jüngste deutsche Theorie vom „Leistungswettbewerb" ein anschauliches Beispiel. Da diese Theorie zur Zeit für die praktische Wirtschaftsgestaltung, insbesondere in der totalitären Ideologie immer größere Bedeutung gewinnt, und zwar im Rahmen des Wettbewerbsproblems sowie für das Problem einer „Marktordnung" überhaupt, vor allem aber auch, weil sie das anschaulichste Beispiel der notwendigen Grenzziehung zwischen den beiden Ordnungsprinzipien ist, sei dieser Lehre eine ausführlichere Darstellung gewidmet.

Ausgangspunkt der ganzen Erörterungen ist das schon oben erwähnte, vor 1933 geschriebene Werk von Böhm: Wettbewerb und Monopolkampf (Eine Untersuchung der Frage des wirtschaftlichen Kampfrechts und zur Frage der rechtlichen Struktur der geltenden Wirtschaftsordnung)[1]. Böhm geht von der Auffassung aus, daß das gesetzgeberische und rechtliche Eingreifen gegenüber dem Monopol- und Kartellwesen versagt habe, weil man zu Unrecht davon abgesehen habe, nur den echten Leistungswettkampf als berechtigte Wettbewerbsmaßnahme anzuerkennen, im übrigen aber Monopolbildungen radikal zu bekämpfen. Der gewerbliche Wettbewerb sei, wie er im einzelnen ausführt, ein Auslesekampf nach dem Leistungsprinzip, und zwar sei die spezifische Kampftugend der freien Wettbewerbswirtschaft die ehrliche und echte wirtschaftliche Leistungskraft[2]:

> Der Sinn des gewerblichen Wettbewerbs als einer Institution der sozialen Wirtschaftsordnung ist die Züchtung wirtschaftsberuflicher Höchstleistungen und zwar gleichzeitig zum Zwecke einer rationalen Organisation des

[1]) Zur grundsätzlichen Seite des Problems vgl. Eucken in Schmollers Jahrbüchern 1938/39, S. 80ff. Die weitere hiermit zusammenhängende Literatur findet noch Erwähnung im Verlaufe der nachstehenden Erörterungen. Für Amerika scheint neuerdings ebenfalls das Problem der Gestaltung verschiedener „Marktordnungen" Aufmerksamkeit zu finden. Vgl. die in der American Economic Review 1939 Supplement March, S. 61ff., 69 erwähnten neueren Untersuchungen von Mason und Wallace, welche eine „classification of industrial market situations" auszuarbeiten beschäftigt sind. Doch dürfte es sich hier nur um theoretische Klarstellungsbedürfnisse handeln.

[2]) Böhm: „Wettbewerb und Monopolkampf", 1933, S. 73.

Wirtschaftsprozesses wie zum Zwecke der Gewährleistung einer gerechten Berufsauslese.

Daraus folgert er, daß nur ein solches Kampfverhalten mit dem echten Wettbewerbskampf vereinbar sei, bei dem die Vereitlung fremder Geschäftsabschlüsse durch die Entfaltung eigener, besserer Leistungskraft, nicht aber durch Schwächung der Leistungskraft eines leistungsfähigeren Rivalen (z. B. Behinderungswettbewerb durch Sperren, Exklusivverträge, systematische Unterbietungspreise usw.) herbeigeführt werde. Das Ziel ist hiernach sozusagen das Wiederehrlichmachen des freien Erfolgstrebens durch ernstliche Bekämpfung unlauterer Monopolgewalt, wobei ihm der ungebändigte Monopolkapitalismus eine ausgesprochene Dekadenzerscheinung bedeutet.

Hiernach gelangt er zu der Schlußfolgerung:[1])

So bleibt denn nichts anderes übrig, als daß die Rechtsordnung und der Staat die privaten Monopolgebilde zunächst einmal ihr privates Ertragsinteresse betätigen lassen, um sodann mit Korrekturen einzugreifen, sobald dieses privatorientierte Verhalten zu einer Gefährdung des Wirtschaftsverlaufes und der sozialen Gerechtigkeit führt,

um seine Untersuchungen mit folgenden Worten zu schließen:

Vielleicht mag gerade der Umstand, daß der rein naturgesetzliche Automatismus nicht ausreicht, eine freie Verkehrswirtschaft unverfälscht lebendig zu erhalten, bewirken, daß das soziale Ethos sich nachträglich doch noch dieser Ordnung, der es bisher in so auffälligem Maße mangelte, annimmt. Vielleicht mögen es manche als eine freudige Entdeckung begrüßen, daß ... auch hier das moralische, gesellschaftliche und politische Vermögen einer Volksgemeinschaft, der Geist des öffentlichen Rechts und des Gemeinsinns aufgeboten werden muß, um dem naturgesetzlichen Automatismus psychologischer Zwangsläufigkeiten zu Hilfe zu kommen, ihn zu ergänzen und

---

[1]) Böhm: a. a. O., S. 361.

zu vervollkommnen, bis die Verhältnisse für eine neue Ordnung reif geworden sind.

Die an sich durchaus zu billigende Grundtendenz des Buches ist hiernach unverkennbar, eine geläuterte Eigengesetzlichkeit des Wettbewerbs wiederherzustellen, wobei allerdings die letzten Worte:

„bis die Verhältnisse für eine neue Ordnung reif geworden sind",

bereits die Vorstellung einer „neuen Ordnung", — wenn auch noch vage — anzudeuten scheinen.

Gegenüber diesem ersten Werk, das namentlich in bezug auf die Scheidung von fair und unfair competition eine Fülle von beachtenswerten Anregungen enthält, bedeutet die zweite, 1937 in einer Schriftenreihe „Ordnung der Wirtschaft" unter Beigabe eines Geleitworts der Herausgeber Böhm, Eucken und Großmann-Doerth erschienene neue programmatische Studie desselben Verfassers:

Die Ordnung der Wirtschaft als geschichtliche Aufgabe und rechtsschöpferische Leistung

keineswegs nur, wie eine Besprechung der Arbeit von Beckerath meint, die Fortsetzung früherer Gedankengänge. Vielmehr ist die Grundeinstellung, wie die nachstehenden Zitate ergeben, fast unmerklich ein völlig anderer geworden. Böhm geht jetzt davon aus[1]), daß auch die Aufgabe der klassischen Nationalökonomie höchstmögliche Produktivitätssteigerung zwecks bestmöglicher Bedarfsversorgung wachsender Bevölkerungsmassen gewesen sei, und daß diese Lehre, nachdem sie die objektive Entdeckung der organisierenden Kraft des Tausches und des Wettbewerbs gemacht habe, den Staaten empfohlen habe, sich dieser Einrichtungen in bewußter, politischer Absicht zu bedienen, was die Einführung der Gewerbefreiheit" kraft politischer Willensentscheidung" zur Folge gehabt habe[2]). Gegenüber dieser Wirtschaftsordnung sei ein weiterer Typ von „Wirtschaftsverfassung" ersonnen und in Ruß-

[1]) Böhm: „Die Ordnung der Wirtschaft als geschichtliche Aufgabe und rechtsschöpferische Leistung" 1937, S. 27.

[2]) a. a. O., S. 34.

land auch praktisch eingeführt worden, derjenige der zentral gesteuerten Volkswirtschaft[1]), was aber tatsächlich nur zur Folge gehabt hätte, alle Leiter einzelner Wirtschaftszweige, Konzerne und Einzelbetriebe, bis zum letzten Arbeiter hinunter zu abhängigen Funktionären einer Zentralinstanz zu machen[2]). Die Einführung der Gewerbefreiheit sei nun aber seinerzeit ein wirtschaftsrechtlich völlig unvorbereiteter Akt gewesen. Von einer wirklichen Wirtschaftsordnung im modernen Sinne könne man erst von dem Augenblick an sprechen, in dem ein Staat dazu übergehe,

> durch Einführung einer dynamischen Ordnung bewußte Wirtschaftspolitik systematischer Art zu treiben[3]).

Je komplizierter eine Maschine sei, desto „präziser“ müsse ihre Konstruktion arbeiten:

> Soziale Turmbauten von so gewaltigem Ausmaß und so beschleunigtem Arbeitstempo haben unweigerlich die heilloseste Sprachenverwirrung zur Folge, wenn nicht die Ordnungsidee, die hier allein noch das Element der Einheit zu repräsentieren vermag, das Ganze bis in seine letzten Einzelheiten durchleuchtet, wenn diese Ordnungsidee nicht auf den Satz gegründet ist: Alles hört auf mein Kommando![4]).

Der Verfasser stellt dann weiterhin fest, daß jüngst der nationalsozialistische Führerstaat eine neue Gesamtentscheidung zugunsten einer „dynamischen Wirtschaftsverfassung“ gefällt habe[5]), und daß zum Behufe der technischen Ordnung der dynamischen Wirtschaftsabläufe diesem Staate nunmehr zwei Steuerungsmethoden zur Verfügung ständen:

a) die Methode der mittelbaren Marktlenkung durch ein rechtlich geordnetes Tausch- und Wettbewerbsverfahren;
b) die Methode der unmittelbaren staatlichen Marktlenkung im Wege methodischer Befehlserteilung.

---

[1]) a. a. O., S. 35.
[2]) a. a. O., S. 36.
[3]) a. a. O., S. 56.
[4]) a. a. O., S. 56/57.
[5]) a. a. O., S. 61.

Könnte man hiernach vielleicht noch annehmen, daß bei Böhm die sogenannte erste Steuerungsmethode nichts anderes bedeute, als ein Freilassen bestimmter Märkte, — d. h. also ein Unterlassen bewußter staatlicher Steuerung auf diesen Gebieten, im Sinne einer liberalen Wirtschaftsordnung, — so wird auch dieser Glaube durch spätere Ausführungen zerstört. Im weiteren Verlaufe wird immer betonter davon ausgegangen, daß das Motto des Laissez-faire, Laissez-aller darauf hinauslaufe:

> Was geschieht, weiß man nicht, aber das Dümmste ist das Wahrscheinlichste![1])

Der normative Charakter der freien Marktverfassung müsse in höchstmöglicher Reinheit wieder hergestellt werden, um dem „wirtschaftsverfassungsrechtlichen Denken" zum Siege zu verhelfen:

> Denn eine kombinierte Wirtschaftsverfassung ist auf den Ordnungscharakter eines jeden ihrer Bestandteile angewiesen; auch die mittlere Lenkungsmethode (Wettbewerbsprinzip) muß in der Hand des Staates ein Präzisionsinstrument sein. Auf dem Untergrunde einer verbesserten, ihrer normativ ordnenden Kraft beraubten, freien Wirtschaft läßt sich eine erfolgreiche staatliche Wirtschaftspolitik nicht aufbauen[2]).

An dieser entscheidenden Stelle wird klar, wo der Verfasser von dem oben dargelegten Prinzip der Ordnung natürlicher Kräfte zum Prinzip der totalen Marktsteuerung übergeht: Der eine Teil der Wirtschaft ist nach dieser Vorstellung von der unmittelbaren staatlichen Steuerung bereits mit Beschlag belegt. Der andere Teil, in welchem nach der Vorstellung Böhms bis zu einem gewissen Grade noch freier Wettbewerb herrschen sollte, muß aber nach Ansicht des Verfassers ebenfalls gesteuert werden, nur mittelbar, indem aus der Gesamtsteuerung gewisse Teile zwar freigelassen, jedoch auch einheitlich kontrolliert wer-

[1]) a. a. O., S. 61 und 70.
[2]) Böhm: a. a. O., S. 71.

den. Damit aber wird entscheidend von der Idee individueller Ordnungsorganisation natürlicher Kräfte auf die totale Zweckorganisation übergesprungen, d.h. der Schritt von der bloßen „Ordnungssteuerung" zur Totalsteuerung, — nur unter bedingter Freilassung gewisser Oasen — endgültig vollzogen.

Dies wird durch die weiteren Ausführungen Böhms, der sich die neue Wettbewerbsordnung nur noch als einen „inszenierten Wettbewerb" vorstellt, an den verschiedensten Stellen bestätigt. So führt er für die von ihm vorgestellte neue deutsche Wirtschaftsordnung, die er fälschlicherweise allerdings bereits durch den deutschen Vierjahresplan als suspendiert erachtet[1]), unter anderem aus:

S. 124:

> Alle im Wettbewerb aufgewendeten Anstrengungen, auch diejenigen der weniger erfolgreichen Konkurrenten sollen der Gesamtwirtschaft ungeschmälert zugute kommen; mit diesem Ziel würde ein Kampfrecht, das die unmittelbar schädigende Einwirkung der kämpferischen Leistungskraft des einen auf die Leistungskraft des andern zuließe, nicht im Einklang stehen. Der gewerbliche Wettbewerb . . . . , steht auf einer Linie mit den organisierten Ausleseveranstaltungen, deren Zweck das Messen, die Ermittlung und die Förderung jeweils ganz bestimmt bezeichneter Eigenschaften ist, also etwa mit einem Preisausschreiben, Staatsexamen oder Sportwettkampf (!)

Alsdann S. 145:

> Wir kommen also zu dem Ergebnis, daß die Wirtschaftsordnung partikularen, privaten Markteinfluß nicht dulden darf. Er gefährdet und zerreißt die Einheit und Folgerichtigkeit nicht nur des freien, sondern jedes denkbaren Wirtschaftssystems, spielt wirtschaftspolitische Führungsmacht in die Hände privatwirtschaftlich-gruppenegoistisch interessierter und politisch nicht verantwortlicher Privatleute, verschiebt die in

---

[1]) Böhm: a. a. O., S. 89.

der Gesamtordnung vorgesehene Einkommensverteilung und unterhöhlt die psychologisch-willensorientierenden und willenslenkenden Funktionen aller Einrichtungen der öffentlichen Wirtschaftsverfassung.

Ferner S. 160:

Zu diesem Behufe muß er (der Staat) die Privatwirtschaft rücksichtslos aus der Marktmacht, die wie alle soziale Macht politischer Natur ist, und infolgedessen zur Domäne der Staatsgewalt gehört, hinausdrängen. Nur so entsteht eine reinliche Trennung zwischen den Aufgaben des Staates und den Aufgaben des Unternehmertums. Denn der privatwirtschaftliche Verkehr kann sich zum Nutzen der Gesamtwirtschaft nur da entwickeln, wo er unter dem Gesetz von Marktpreisen und Marktbedingungen lebt, auf deren Zustandekommen er keinen unmittelbaren willensmäßigen Einfluß hat.

Und abschließend im Gegensatz zu dem ersten Buche eine Absage an die Möglichkeit, berufsständischen oder selbstverwaltenden Organisationen den Aufbau der neuen Ordnung anzuvertrauen. Denn:

S. 188:

Erstens ist es unmöglich, die Gruppen in dem marktpolitisch völlig uneinexerzierten Zustand, in dem sie sich heute noch befinden, auf eigene Faust und mit weitgesteckten Vollmachten ins Gefecht zu schicken. Zweitens erfordert die Zerfahrenheit des überkommenen wirtschaftsrechtlichen Zustandes gebieterisch eine denkbar straffe Konzentration und Zentralisation der wirtschaftspolitischen Führung. Diese Führungsaufgabe kann nur von einer Stelle bewältigt werden, die für das Schicksal und das Gedeihen des Ganzen der Volkswirtschaft verantwortlich ist, und die zu diesem Behufe dem Widerstreit der wirtschaftlichen Einzel- und Gruppeninteressen so vollkommen wie möglich entzogen werden muß.

Der Gesamtgedankengang der vorstehenden Ausführungen zeigt hiernach bei Einordnung in die oben dargelegten, einander diametral entgegengesetzten beiden Organisationsprinzipien klar, an welcher Stelle von Böhm sozusagen der Rubikon überschritten wird. Während er früher als das Gesamtsystem dasjenige des freien Wettbewerbs anerkannt und nur im Sinne des Leistungswettbewerbs ordnend dieses System reinigen will, geht er jetzt von der üblichen zwecktheoretischen Auffassung aus, daß das System der freien Kräfte in Wirklichkeit versagt habe und zum Chaos führen müsse. Deswegen knüpft er als Regel und Ausgangspunkt an die Staatslenkung und die staatliche Steuerung der Wirtschaft an, folgert ferner aus der Notwendigkeit der Einheit der Gesamtsteuerung, daß auch an den Stellen, an denen bisher freier Wettbewerb geherrscht habe, dieser gesteuert, und, wie er sagt, „in einen einexerzierten Zustand" gebracht werden müsse, und daß schließlich auch die sogenannte „freie Sphäre" nichts anderes als eine staatliche Veranstaltung etwa im Sinne eines Staatsexamens oder eines inszenierten Sportwettkampfes bedeuten solle und dürfe.

Aus diesem Gedankengang wird zur Evidenz klar, wie Böhm von dem in Freiheit ordnenden Organisationsprinzip zur totalitären Zwangsordnung von außen her übergeht und nur noch einige Blankostellen eines Scheinwettbewerbs übriglassen will. Es mag aus der neueren totalitären Gesamteinstellung und Begriffsverwirrung heraus bis zu einem gewissen Grade begreiflich erscheinen, daß die Kritiker des Buches diese Bruchstellen im Aufbau des zweiten gegenüber dem ersten Buche bisher nicht erkannten, sondern nur über das Mehr oder Weniger der Staatslenkung auf dem Gebiete der „Marktordnung" diskutieren. So will die Kritik von Mönckmeier überhaupt nur noch ein einziges staatliches Steuerungssystem anerkannt wissen[1]), während demgegenüber in der Kritik von Gördeler, der im übrigen auch andere beachtenswerte Gegenargumente bringt, den Untersuchungen lediglich vorgehalten wird, daß die Staatslenkung viel vorsichtiger eingesetzt werden müsse als dies Böhm vorschwebt[2]). Die Kritik von

[1]) Mönckmeier in: Weltwirtschaftl. Archiv Bd. 48 I Anhang, S. 35ff.
[2]) Gördeler: Finanzarchiv 1937, S. 489ff., zu vgl. auch Merkel: Finanzarchiv 1937/38 (Bd. 5), S. 673ff.

Beckerath schließlich[1]) unterstreicht, — problematisch nach dem Endziel fragend, — das unaufhaltsame weitere Abgleiten in die Staatslenkung, weil die Voraussetzungen für eine freie Wirtschaft möglicherweise überhaupt nicht mehr gegeben seien.

Daß auch die beachtenswerte Studie von Miksch:

Wettbewerb als Aufgabe.

Die Grundsätze einer Wettbewerbsordnung,

— welche als ein weiteres Heft in der erwähnten Schriftenreihe erschien, die das Böhmsche Buch einleitete, — von den gleichen Gedankengängen ausgeht wie Böhm selbst, erscheint nicht verwunderlich. Auch hier zur Bestätigung nur einige Zitate:

S. 5:

Das Verhältnis zwischen Staat und Wirtschaft hat sich gewandelt ... Das ist in einzelnen Ländern deutlicher, in anderen weniger deutlich ausgeprägt, vollzieht sich hier bewußt, dort unbewußt, aber die Tendenz fehlt nirgends. Der Individualismus war nicht fähig, die wachsenden Massen und die Vielfältigkeit ihrer Beziehungen zu organisieren. Daher macht der Staat in ganz anderem Umfange als früher seinen Führungsanspruch geltend. Nun zeigt aber die Analyse der modernen Wirtschaft, daß der Aufbau einer geordneten Wirtschaftsverfassung im Sinne Franz Böhms nicht denkbar ist, ohne einen starken Staat, der die einzelnen Märkte in größerer oder geringerer Freiheit organisiert und dafür sorgt, daß das Gesamtsystem seine Einheitlichkeit und Geschlossenheit nicht wieder verliert ...

Die Zeit des „Laissez-faire" ist vorbei, der Glaube an die Harmonie der in voller Freiheit agierenden Interessen hat sich als Illusion erwiesen. Als wesentlichstes Element der staatlich gesetzten und nur mit den staatlichen Zielen und Aufgaben wandelbaren Ordnung muß der Wettbewerb heute verstanden werden.

---

[1]) v. Beckerath: Schmollers Jahrbücher 62, 2 (1938), S. 115ff.

Weiter S. 9:

> Wenn heute an die Stelle naturrechtlicher Auffassungen die Lehre vom Primat des Staates getreten ist, so erhält der Staatseingriff damit zwar eine ganz andere Begründung. Die Wettbewerbspolitik des Staates, deren Bedeutung die Klassiker nicht oder nicht genügend erkannt haben, rückt in den Mittelpunkt, aus der „Naturordnung" wird eine staatliche Veranstaltung.

Und S. 13:

> Dennoch zeigen die wettbewerbsfeindlichen Strömungen seit 1930, die übrigens in früheren Krisen ihre genau entsprechenden Vorläufer hatten, daß aus soziologischen und politischen Gründen eine Wettbewerbsordnung nur im Rahmen einer gesamtwirtschaftlichen Ordnung dauernd bestehen kann.

So wird dann bei Miksch, — der ebenfalls Wert darauf legt, das Leistungsprinzip zur Grundlage der Wettbewerbsordnung zu machen (S. 19), bei dem der Leistungsfähige, und nicht der Mächtigste und Gewissenlose die Oberhand behält, — der sogenannte „freie Wettbewerb" nur zu einer Marktform, welche der Staat primär gestaltet:

> Der Ausdruck „freier Wettbewerb" muß der entsprechenden staatlichen Marktverfassung vorbehalten bleiben,

wobei er folgende Stufen des Wettbewerbs scheiden will (S. 12):

1. den freien Wettbewerb (das allgemeine Wettbewerbsrecht ist das Mittel zur Organisation und zur Ordnung des freien Wettbewerbs);
2. den gebundenen Wettbewerb (Einengung der Entschlußfreiheit der Beteiligten durch Aufsicht und laufende Mitwirkung des Staates);
3. die staatliche Lenkung (der Staat schaltet die Entschlußfreiheit der am Wirtschaftsprozeß beteiligten Personen völlig aus und lenkt den Wirtschaftsablauf selbst).

Aber auch der bei Miksch sogenannte „freie Wettbewerb" muß

ähnlich wie bei Böhm in eine „Wirtschaftsgesamtverfassung" eingeordnet werden:

S. 135:

> Auch die Wettbewerbsordnung ist kein absoluter Wert, sie ist Mittel zum Zweck (!). Aber sie kann ein so wichtiger und fruchtbarer Bestandteil des nationalen Lebens sein, daß ein Verstoß gegen ihre Grundsätze niemals leichtfertig, sondern nur nach bewußter Abwägung aller Folgen vorgenommen werden darf.
>
> Daß ein so komplizierter, in ständiger Bewegung befindlicher Apparat wie die moderne Wirtschaft nur im Rahmen einer einheitlichen Wirtschaftsverfassung leistungsfähig bleiben kann, bedarf keines besonderen Beweises.

Und S. 136:

> Soll die gesamte Wirtschaftsverfassung einen einheitlichen Charakter erhalten, so gibt es keine andere Möglichkeit als die, alle diese Märkte so zu organisieren, daß im Endergebnis ein Zustand herauskommt, als ob (!) vollständige Konkurrenz bestünde.

Damit kann auch der Versuch von Miksch, im Rahmen einer Gesamtordnung der Wirtschaft ein einheitliches Wettbewerbsrecht zu schaffen, und in ihm, soweit dies im Staatsinteresse zulässig erscheint, jeweils Oasen einer „inszenierten Wettbewerbsfreiheit" bestehen zu lassen, in die oben charakterisierte Grundrichtung der Zweckorganisation von außen her eingereiht werden. Obwohl Miksch in der praktischen Ausführung und der Untersuchung einzelner Märkte sich bemüht, nach Möglichkeit den freien Spielraum, kontrolliert durch staatliche Kalkulationsnormen usw.[1]), bestehen zu lassen, ist auch bei ihm der Bruch mit der bisherigen Ordnung des freien Wettbewerbs ein radikaler und endgültiger. Auch bei ihm bleibt nur entsprechend dem falschen Ausgangspunkt, gleich wie bei Böhm, eine Theorie des „Als ob" übrig, der Schein wettbewerbsmäßiger Vorgänge, der aber in Wahrheit mit einem „Wettbewerb der natür-

[1]) Vgl. Miksch a. a. O., S. 126ff.

lichen Kräfte" und dessen ordnender Beaufsichtigung nichts mehr zu tun hat, an dessen selbständigen Funktionieren also Miksch ebenso wie Böhm, infolge der Deformierungen des bisherigen Wettbewerbsgetriebes endgültig verzweifeln will[1]).

In beiden Werken zeigt sich nach alledem als die eigentliche Bruchstelle der theoretischen Deduktion der fast unmerkliche, aber trotzdem entscheidende Übergang von dem einen der oben dargelegten zwei, diametral einander entgegengesetzten Organisationsprinzipien zu dem anderen, im vorliegenden Falle also zu dem der totalen Zweckorganisation, die ähnlich wie im russischen totalen Wirtschaftssystem von sich aus keine Möglichkeit des Zurück zum freien Spiel der sich natürlich ordnenden und regulierenden Wirtschaftskräfte mehr eröffnet.

An keinem Beispiel läßt sich die grundsätzliche Verschiedenheit der dargelegten Organisationsprinzipien voneinander sonach besser veranschaulichen, als auf dem Gebiete der Ordnung des Wettbewerbs. Auf keinem Gebiet tritt der Gegensatz zwischen einer natürlichen und freien Wettbewerbs-„Ordnung" — mag sie auch gewissen Ordnungsregelungen unterliegen, — gegenüber einer zentralen Wirtschaftslenkung so prägnant in Erscheinung, wie in dem Beispiel der Ordnung des Marktes und der Wettbewerbsverfassung in der neuen deutschen ökonomischen und juristischen Doctrin.

Die Grundsätze, von denen die vorstehend behandelten Werke von Böhm und Miksch ausgehen, spiegeln sich naturgemäß in dem mehr oder weniger unbewußten, aber gerade deswegen charakteristischen Schwanken um die „Totalitätsgrenze" in der gleichen Weise in der Praxis der deutschen Wirtschaft wieder, u. zw. insbesondere um die Wende der Jahre 1938/1939. Der von dem damaligen Staatssekretär des deutschen Reichswirtschaftsministeriums R. Brinkmann am 21. 10. 1938 gehaltene Vortrag „Staat und Wirtschaft"[2]) versucht zwar noch — ähnlich Böhm — „die Flucht der Wirtschaft aus dem Leistungswettbewerb und der Verantwortung" beschwörend aufzuhalten und an die „Auswirkungen

[1]) Zur Kritik von Miksch vgl. Huhle, Jahrb. f. Nat. u. Stat. 1938, S.111, ferner Schneider-Aarhus: Weltwirtsch. Archiv 1938, Heft 2, S. 121, und besonders Stackelberg im Finanzarchiv 1937.

[2]) Brinkmann: „Staat und Wirtschaft", Verlag Kohlhammer, Stuttgart, Berlin 1938.

kraftentfesselnder Entschluß- und Bewegungsfreiheit" zu appellieren. Aber dieser Appell verblaßt völlig gegenüber den wiederholten Hinweisen: „Der Einzelne sei nichts, das Volk sei alles"[1]), ferner der Erklärung, der nationalsozialistische Staat habe sich dahin entschieden, der Wirtschaft eine Organisation zu geben, welche diese zu einem Instrument in der Hand des Staates werden läßt, und endlich dem vom Verfasser aufgestellten Ziele, „eine geistige Verstaatlichung der Wirtschaft" herbeizuführen, die naturgemäß gerade von dieser Grundeinstellung aus dem privaten Erfolgsstreben konträr zuwiderlaufen muß.

Vollends aber versinkt jede wirkliche Entschlußfreiheit der Wirtschaft, wenn man sich den Ausbau eines totalitären Organisationsnetzes bis hinab zur „organisierten Lumpenwirtschaft"[2]) und das Erstehen eines Apparates von Beamten und Angestellten außerhalb der Industrie vergegenwärtigt, der gegenüber 1929 um 34,2% auf 2980000 Personen im Jahre 1938 gestiegen ist[3]). Nur aus diesem ganzen Entwicklungsgange heraus wird im Sinne eines „Prinzips höchster Leistung", — das ebenso wie der Planungsbegriff die Frage aufwirft: „Leistung" wozu und mit welchem Ziele? — der Aufruf des deutschen Reichswirtschaftsministers zum Jahreswechsel 1938/39 verständlich, der in den Worten gipfelt:

Aus dem Stadium der Vollbeschäftigung erwächst gebieterisch die neue Aufgabe: „Rationale Wirtschaftsordnung". Diese Arbeit zu führen, d. h. durch Verbesserung der Betriebsanlagen, Produktionsmittel und Produktionsmethoden und durch eine rationellere Ausnutzung der Arbeitskraft eine Steigerung der Leistung zu erreichen, ist Zweck und Ziel des mir erteilten Auftrages.

„Dieser Auftrag bedingt einen gewissen Totalitätsanspruch. Er erfaßt nicht nur die Betriebsordnung und die Betriebstechnik, den Arbeitsvorgang und Maschinengebrauch, die Berufsausbildung und -lenkung, den geregelten Menschen-

[1]) Brinkmann a. a. O., S. 43.
[2]) Frankfurter Zeitung 1939, Nr. 344/45, S. 17.
[3]) „Wirtschaft und Statistik", 1939, 2. Aprilheft.

einsatz im großen und die Umschulung im besonderen, sondern auch die Materialzuteilung, die Investitionslenkung, die Kapitalmarktaufsicht, die richtige Abgrenzung des öffentlichen und privaten Finanzbedarfs, die Beseitigung überflüssiger Verwaltungsstellen und unnötiger Reglementierung in der Wirtschaft, die Herstellung gesunder Relationen zwischen der Erzeugung von Produktions- und Konsumgütern, und den notwendigen Anteil des Exports und Imports."

Wenn im Anschluß hieran auch der Wunsch ausgesprochen wird,

„soweit als irgend möglich eine freie Entwicklung der gesunden, unentbehrlichen Initiativkräfte in der Wirtschaft und der Selbstverantwortung und Selbstverwaltung der wirtschaftlich schaffenden Menschen nebenher bestehen zu lassen",

so zeigt die erdrückende Dynamik der unaufhaltsam sich dehnenden staatlichen Aufgabenkreise selbst, daß sich hier auch praktisch „die Überschreitung des Rubikon" in dem oben dargelegten Sinne auf ein jenseitiges Ufer vollzogen zu haben scheint. Man kann nach alledem, wenn man sich heute rückblickend die allgemeine Lage um die Jahreswende 1938/39 und anschließend die weitere Entwicklung im Jahre 1939 vergegenwärtigt, allerdings wohl einen großen Teil dieser Organisations-Vehemenz auf das Konto außerwirtschaftlicher Faktoren setzen. Trotzdem lassen die Ausführungen von Böhm und Miksch auch gewisse grundsätzliche Erwägungen zu, welche für die analytische Grenzbestimmung zwischen individueller und kollektiver Einstellung überaus aufschlußreich sind. Die Indizien für den sonst oft unsichtbaren Grenzwechsel seien demgemäß abschließend nochmals zusammengefaßt. Sie liegen im folgenden:

1. Dem völligen Verzweifeln an jedem automatischen Wert „natürlicher" Wirtschaftsordnung (wie es Böhm etwa ausdrückt: Im Zweifel geschieht von sich aus immer das Dümmste!)
2. Dem Unterschätzen, ja völligen Vergessen der Leistungen und Leistungsfähigkeit nach dem bisherigen Wirtschafts-

prinzip sowie ferner der übertreibenden Charakterisierung dieser Epoche als Unordnung und „Chaos",

3. Der unbegrenzten Hochachtung vor dem geheimnisvollen Begriff der „Organisation", mit dem man glaubt, alles erreichen zu können, und den man geradezu als eine Art militaristischen „furor organisationicus" bezeichnen könnte,
4. In der Überschätzung speziell der juristischen Gestaltungskraft in wirtschaftlichen Dingen, der mit der Vorliebe für die organisatorisch gestaltende Kraft von „Wirtschaftsverfassungen" zusammenhängt, welche der Jurist zu konzipieren und zu handhaben hätte[1]).
5. In dem Irrglauben, man könne sich auch „auf dem anderen Ufer" noch die wirklichen Vorteile der Leistungsfähigkeit des „freien" Unternehmers durch ein Lippenbekenntnis zu einem freien, leistungsfähigen Unternehmertum erhalten,

und endlich

6. In der gläubigen Zuversicht, daß das nach Zerschlagung des Alten aus dem Nichts heraus zu schaffende „Ordnungssystem" dem alten unendlich überlegen sein werde, obwohl man bisher keine bestimmte Vorstellung davon hat, wie diese Ordnung im einzelnen und im Gesamtbild wirklich aussehen und sich auswirken wird, — es sei denn, man halte die „russische Organisation" für den kommenden „Idealtypus".

Diese Feststellungen leiten unmittelbar zu dem Problem des Gegensatzes zwischen liberaler und totalitärer „Wirtschaftslenkung" über, dem sich die Untersuchung nunmehr zuzuwenden hat.

Nachschrift! Zur Frage eines konstruktiven Aufbaues von Antitrust-Gesetzgebungen vgl. das gleiche Buch des Verfassers Seite 297ff.: III. Allgemeine Grundsätze einer Trust- und Kartellpolitik.

---

[1]) In anderer Einstellung kehrt übrigens dieser Glaube an das „Gesetz" und die rechtsgestaltende Kraft auch bei Lippmann: „The Good Society" (1937) wieder; es ist dies einer der Punkte, in denen ich von seiner Grundkonzeption abweiche. Vgl. mein: „Rechtsstaat und Wirtschaftslenkung", 1938, S. 94ff.

Anhang II

Zum Stande der französischen Antitrust-Gesetzgebung

1. Auszug aus „Le Monde“ vom 7. 12. 1949

Le Gouvernement prépare une loi antitrust Deux avant-projets prévoient un contrôle sur les ententes industrielles

Le Gouvernement a annoncé qu'il avait l'intention de soumettre au Parlement un projet de loi „antitrust“ c'est à dire réglementant les ententes industrielles et commerciales. Les services du secrétariat d'Etat aux affaires économiques ont déjà préparé deux avant-projets.

Leurs auteurs ne partent pas d'une position de doctrine. Les ententes sont des faits. Il en est qui peuvent être bonnes, d'autres qui peuvent être mauvaises. La puissance publique doit se préoccuper seulement de les contrôler et de défendre les consommateurs.

On n'a pas essayé de définir les ententes, cartels et trusts qui tomberaient sous le coup de la loi. Ce serait une entreprise assez vaine, car leurs formes sont innombrables. Il a paru plus commode de définir les pratiques auxquelles les industriels ou leurs groupements peuvent recourir et qui pourraient éventuellement être interdites par les pouvoirs publics. Les deux avant-projets rendent obligatoire la déclaration de ces pratiques, sous peine de sanctions.

Déclaration obligatoire de certaines pratiques

Le premier projet ou projet A énumère sept catégories de pratiques qui devraient être déclarées. Ce sont toutes mesures tendant:

1° À la détermination d'un prix de vente ou d'achat par le moyen de prix imposés maxima ou minima;

2° à une différenciation des prix de vente selon les acheteurs qui, en dehors des usages professionnels, ne reposerait pas sur des différences de qualité et de quantité ou d'éloignement correspondant à des variations dans les frais de vente ou de transport;

3° à un partage de la clientèle des acheteurs;

4° à une centralisation professionnelle ou interprofessionelle des ventes ou des achats;

5° à une interdiction de vente ou d'achat;

6° à une limitation du volume des ventes ou des achats, des quantités ou des qualités de production;

7° dans le cadre de la profession ou de l'interprofession, à une détermination quantitative ou qualitative des moyens de production, à l'intensité de leur utilisation.

Cette liste ne signifie pas que de telles pratiques sont interdites. Mais le ministre des affaires économiques pourrait inviter les entreprises à les modifier ou à les supprimer, et les déclarer illicits.

Une commission nationale de surveillance des ententes professionelles composée de représentants de divers ministères, serait chargée de donner des avis et de faire des enquêtes.

Le second projet ou projet B ne définit pas avec autant de précision les pratiques à déclarer. Il dit seulement que devrait être déclarée toute mesure susceptible d'entrainer une modification des prix des marchés, tels qu'ils résulteraient de la libre concurrence.

Une commission nationale de surveillance, composée elle aussi des représentants des ministères, est la pièce maitresse du système. Elle examinera, à la demande du gouvernement, du Parlement ou de n'importe quel utilisateur de biens ou services, les pratiques déclarées ou non. D'après ses conclusions le ministère des affaires économiques les déclarera licites ou illicites. Il ne sera d'ailleurs pas tenu d'attendre son avis pour suspendre l'application de telle ou telle mesure.

On notera que si des décisions de suspension ou d'interdiction sont prises le ministre fixera lui-même les prix licites, conformément aux règles fixées par l'ordonnance du 30 juin 1945.

Comme on le voit, aucun des deux projets ne donne une définition du caractère licite ou illicite de telle ou telle pratique, de telle ou telle entente. Le premier donne à cet égard un pouvoir discrétionnaire au ministre chargé des affaires économiques. Le seconda s'en remet à une sorte de tribunal économique, qui serait à vrai dire administratif.

2. Auszug aus „Le Monde“ vom 11. 12. 1949

Les projets antitrusts

Le Gouvernement prépare un projet de loi dit „antitrust“, destiné à assurer de libre jeu de la concurrence. Les services du secrétariat d'Etat aux affaires économiques ont élaboré des avant-projets dont nous avons donné un résumé succinct. D'autres textes sont à l'étude. Le commissariat général au plan va en soumettre un au président du conseil.

Ces projets ne visent pas seulement les monopoles et ce qu'on appelle assez improprement les trusts, c'est-à-dire les entreprises qui se rendent maitresses de toute une branche d'industrie. Il s'agit aussi des ententes entre producteurs ou commerçants qui, sous des formes et des noms variés, ont pour but de supprimer ou de restreindre le jeu de la concurrence, par exemple par une répartition des marchés ou des limitations de production.

Le problème est fort ancien. Il a repris de l'actualité. Il est plus nécessaire que jamais, pour exporter et équilibrer notre balance des comptes, d'abaisser nos prix de revient et d'améliorer notre productivité. Est-il possible d'y arriver sans une concurrence qui stimule les initiatives? Les ententes risquent d'endormir les entreprises dans une sécurité trompeuse au sujet des prix et des débouchés. Si elles créent une situation factice, éloignée de celle qui résulterait des lois du marché, cette situation ne peut se prolonger que grâce à une protection douanière, à des subventions ou à d'autres secours de l'Etat. On nous invite à construire l'Europe, mais les restrictions apportées à la concurrence à l'intéreur même des frontières nationales conduisent tout naturellement à fermer ces frontières.

Ceux des Américains qui poussent l'Europe dans la voie de l'unification économique s'étonnent que nous n'ayons pas de "loi antitrust“ dans le genre du Sherman Act. Nous avons pourtant depuis longtemps l'article 419 du code pénal, qui punit tous ceux "qui en exerçant ou tentant d'exercer, soit individuellement, soit par réunion ou coalition, une action sur le marché dans le but de se procurer un gain qui ne serait pas le résultat du jeu naturel de l'offre et de la demande, auront, directement ou par personne interposée, opéré ou tenté d'opérer la hausse ou la baisse artificielle du prix des denrées ou marchandises ou des effets publics ou privés".

Ce texte permet d'atteindre toutes les pratiques abusives, mais il n'a jamais été appliqué sérieusement. Est-ce parce qu'il est très général? Ou parce qu'il ne parait viser que la hausse ou la baisse artificielles, et que les ententes savent prendre des formes plus subtiles? Ou parce que les juges ordinaires ont senti que la question les dépassait? Toujours est-il que l'on cherche d'autres moyens d'assurer le libre jeu de la concurrence et de défendre les consommateurs.

Les services des affaires économiques, dans les avant-projets que nous avons résumés, ne s'embarassent d'aucune définition juridique. Ils voudraient seulement obliger les entreprises à déclarer les pratiques qui restreignent la concurrence. Ces pratiques ne seraient à priori ni licites ni illicites. C'est le ministère qui en déciderait pour chaque cas particulier. D'après l'un des avant-projets, ce serait également une commission composée de représentants de divers ministères.

Qui ne voit les dangers de ce système administratif?[1]) Un pouvoir arbitraire et exorbitant sur toute la vie économique serait donné à un ministre et à des fonctionnaires. Si compétents et si dévoués au bien public qu'ils puissent être, on risquerait de voir telle coalition interdite et telle autre légalisée, au gré des pressions politiques ou autres, avouées ou occultes. Par un résultat paradoxal les cartels non interdits seraient consacrés. Enfin la déclaration obligatoire des pratiques restrictives est une forme illusoire de contrôle. On se garderait bien de déclarer celles qui seraient précisément les plus nocives.

---

[1]) souligné par l'auteur.

Il est permis de se demander s'il ne serait pas commode de prendre comme base juridique une définition des abus à réprimer à la fois plus précise et plus étroite que celle de l'article 419. Mais surtout nous ne pouvons songer à nous priver des garanties d'indépendance et d'impartialité que nous offre le pouvoir judiciaire. Seulement les moeurs n'étant pas les mêmes en France qu'aux Etats-Unis, il conviendrait de confier à une juridiction spéciale le soin de décider si dans chaque cas telle pratique est ou non licite, et cela sur l'action des pouvoirs publics ou sur la plainte des personnes qui s'estimeraient lésées.[1]) Il y a déjà eu en Allemagne un tribunal des cartels. Une jurisprudence se formerait peu à peu.

Quel que soit le système adopté, son application dépendra des dispositions générales de l'esprit public. Les restrictions apportées peu à peu à la concurrence, tant par les producteurs que par les législateurs et l'administration, témoignent d'un affaiblissement du principe de la libre entreprise, pour parler comme les Américains. Elles rendent notre économie flandreuse et la préparent à la socialisation. Si on veut garder le régime de la libre entreprise et ses avantages, il faut en accepter les lois et jouer le jeu.

---

[1]) souligné par l'auteur.

FSC
www.fsc.org
MIX
Papier | Fördert
gute Waldnutzung
FSC® C083411

Kolibri 360 GmbH
Ferdinand-Jühlke-Straße 7
99095 Erfurt, Deutschland
produktsicherheit@kolibri360.de